MODERN
モダンラブ
LOVE

いくつもの出会い、とっておきの恋

TRUE STORIES OF LOVE, LOSS, AND REDEMPTION

ニューヨーク・タイムズ掲載の本当にあった21の物語

ダニエル・ジョーンズ 編　桑原洋子 訳

EDITED BY DANIEL JONES

河出書房新社

目次

モダンラブ　いくつもの出会い、とっておきの恋

ニューヨーク・タイムズ掲載の本当にあった21の物語

どこかで誰かと

恋は難しい

あなたが大好き

モダンラブ　いくつもの出会い、とっておきの恋

ニューヨーク・タイムズ掲載の本当にあった21の物語

編者まえがき

ラブストーリーとはなんだろう？　コラム「モダンラブ」の編集者として、私は四六時中そう自分に問いかけている。年間八千編以上も送られてくる私的なエッセイを選別していくのだから、常に「これはラブストーリーなのか？」「こっちはどうなのか？」と考え続ける必要がある。「ニューヨーク・タイムズ」は記録として残る新聞なのだから、記録に残すラブストーリーを選んでいるということになるのだろうか？　もしそうなら、選定基準を明確にする必要がある。

二〇〇四年に「モダンラブ」の連載が始まったとき、コラムの創設メンバーである私たち編集者（スタイルエディターのトリップ・ゲイブリエル、私の妻であるキャシー・ハナワ、そして私）は、「愛」を広義に解釈しようと決めた。ストーリーのトピックスを恋愛だけに絞りたくなかったからだ。光だけでなく闇をも探求する物語。私たちがほかの誰かと親密になるために生涯続ける努力、そこから派生する喜びと苦しみのどちらも豊かに備えた物語。そういう物語であってほしいと考えたのだ。

力のある物語というものは、ある程度年季の入った関係性を描いている。中年になってからの結婚における試練、親であることの重圧、愛する人（子ども、配偶者、親、友人）を失うこと。こうした物語には、バラとかキスとかいった場面はめったに出てこないが、それでもラブストーリーといえるのだろうか？　もちろん。

もろさは、すべてのラブストーリーに命を吹き込む要素だ。いろいろなもろさがある。だがどうあれ、それは、なにかを失う危険にさらされることであり、同時に——とても重要なことに！——人と結びつく可能性を手に入れることも意味している。ふたつはセットで、片方だけを手にすることはできない。もちろんリスクの大小はあり、つま先を水につける程度のことから、高い崖から目かくしをして飛びおりるほどのことまである。

レイチェル・フィールズは「既読スルー」のなかで、つき合い始めたばかりの相手にやや性的な意味合いを含んだメッセージを送ったあと、悶々《もんもん》と相手の返信を待つ。何時間も。一生とも思える時間だ。別のタイプのもろさがエイミー・クラウス・ローゼンタールの「あなたはきっと、私の夫と結婚したくなる」で表現されている。エイミーはコラムのなかでマッチングサイト用のプロフィールのようなものを書いているが、それは彼女が卵巣癌のために死を目の前にして、自分の死後、夫がひとりきりでいてほしくないと思ったからだ。

ラブストーリーがなんであるかを定義するつもりなら、先に愛の定義をしておかなくてはならないと思う。ところが、これがさらにやっかいだ。愛を定義するときも、私たちは華やかな表現を使いがちだ。だが十五年にわたって、十万編ものラブストーリーを読み、あるいはただ目を通し、かと思えば自分のなかで消化できるまで熟読する、というようなことをしてきた私にいわせてもらえば、愛とは、バラというよりは手押し車のようなものだ。泥まみれだけれど長持ちする。とはいえ、やはり、愛とはなにかを言葉で表現するのは難しい。

あるとき、ラジオのインタビューの冒頭で、番組のパーソナリティが私を「モダンラブ」の編集者だと紹介してから、まずこう聞いた。

「それで、愛とはなんですか?」

私はあまりに不意を突かれて、ごまかすように笑ってからこういった。「ホントにそんな質問から始めるつもりですか?」ところが相手が笑わなかったので、なんとも居心地の悪い一瞬の沈黙のあと、人と人の絆に関する当たり障りのない一般論をもごもごと話した。

その数年前に、その質問にすでに答えていたことを思い出せたらよかったのにと思う。バレンタインウィークのコラムのあとに、編集者としてちょっとした考察を載せていたのだ。

というのも、私にとって愛とは、ひと言で定義できるものではなく、具体例で示されるものだからだ。だから、「モダンラブ」のコラム――そして本書――に描かれた、万華鏡を覗いたような千差万別の経験は、辞書などよりもはるかに確実に愛を表現していると私は思う。

ページをめくってみてほしい。衝撃的なものもあれば、なにかの導きになってくれるものもある。笑わされてしまうものもあれば、胸が痛くなるようなもの、涙を誘うものもある。時には、あまりモダンでもないストーリーもある（これは本当だ）。それでもどれもが、牡蠣《かき》の殻をこじあけるようにして、人間の愛のなかにある、暗く美しいものを見せてくれるのだ。

――ダニエル・ジョーンズ

どこかで誰かと

ドアマンは私の特別な人

ジュリー・マーガレット・ホグベン

マンハッタンの夏。街の明かりが消えた静かな夜更けのアッパー・ウェストサイド。彼と私はアムステルダム・アヴェニューから脇道に入った。ふたりで楽しく飲んだあと、彼は私と手をつないで、うちまで送ってくれている。

「ねえ、ティプシー。部屋には上げられないわ」

私はそういって唐突に立ちどまった。

「そんなつもりはないよ」

彼は照れたようにそういってから私の腰に両手を置き、そのまま引き寄せた。

「でも、また会いたい」そういって微笑む。

私も微笑んだ。

「っていうか、お別れのキスをするつもりならここでしてほしいの」

マンションはまだ見えない。

「でも、君んちは――」彼は首を伸ばして道路標識を探した。「――九十丁目じゃなかった？」

「そうよ」私は言葉につまりながら、なんとか説明しようとした。「そうなんだけど、ほら、あの人、知ってるから。最初のデートだって。なかにいても窓から歩道が見えちゃうし、帰りを待ってることもあるのよ。遅くなると心配みたいで」

「あの人って？」彼はけげんそうな顔をした。「誰が見るの？」

「ええと」私は口ごもる。

「恋人？」

「そうじゃなくて」

「お父さん？」

「ちがう。説明しにくいんだけど――」

「ダンナ？　もしかして結婚してるの？」

私はため息をついて肩をすくめた。しかたない。いうしかない。私は深呼吸をして心を決めた。

「ドアマンよ」

グジムはうちのマンションのドアマンだ。私とグジムの間にあるのは、ニューヨークでひとり暮らしをする女と世話焼きのドアマンによくあるありふれた関係だ。ドアマンは、私たちにとって門番であり、ボディガードであり、親友であり、父親代わり。彼らが守り、届けてくれるのは、留守中に届いたザッポス〔靴を中心とする通販サイト〕やフレッシュディレクト〔食材などの宅配サービス〕だけじゃない。彼らは仕事だからというだけでなく、善良な人間としてそうしてくれるのだ。

「気に入りませんな」二カ月後、グジムは私の新しい彼についてそういった。インターフォンごしに小声で。

玄関ロビーにおりていって外をみると、歩道でドアマンと私の彼が笑いながらおしゃべりをしていた。彼が横を向いて煙草をポイと捨てた瞬間を逃さず、グジムはこちらをにらんだ。つき合い始めたと知ったとたん、もう警戒している。

私はグジムに行ってきますと手を振って、彼とふたりで歩き始めてからもう一度視線をもどすと、グジムは首を横に振った。私はあきれた表情をしてみせる。ドアマンになにがわかるっていうの？　たった十分話しただけじゃない。

彼はセクシーで面白くて、しかも素敵なヘブライ語が話せたけれど、飲み会が大好きすぎた。だから私はもう一度飲みにいき、そのあともまた会って、それからまた、という調子で季節は秋へと進んだ。私はいつもダメな男に惹かれてしまう。

グジムにダメなところはない。優しくて、礼儀正しくて、ケーリー・グラントとジョージ・クルーニーを足して二で割ったようなロマンスグレー。一九四〇年代半ばにアルバニアで生まれ、教養ある軍人の家庭で育った。父親は陸軍の将官だった。グジムが十九歳のとき、共産主義の独裁者エンヴェル・ホッジャの秘密警察が、グジムの家族全員を反逆罪で逮捕、拘束した。

グジムは二十年間強制収容所に入れられていた。僻地《へきち》の農場での強制労働は、スターリン政権下のソ連の収容所とさして違わなかった。

「青春時代のすべてをそこで過ごしました」

グジムはそう話してくれたことがある。結婚はせず、子どもも持たなかった。

三十九歳でようやく解放されると、家族とともにアメリカに亡命した。グジムはニューヨークの高級マンションのドアマンの職に就いた。私が「調子はどう?」と聞くと、どんな日でもどんな時間でも、グジムは決まってこう答える。

「不満はありません」

それがグジムの信念なのだ。

その年のハロウィーンの夜、私は今度はひとりで二十四時間営業のコンビニに行って帰ってきた。眠れなかったのだ。Tシャツにパジャマのズボン、アグのブーツをはいて、玄関ロビーへのステップを駆け上がる。手には白い紙袋をくしゃっと握って。

なかには妊娠検査薬が入っていた。

グジムはオンともオフともつかない感じでいつもの丸椅子に座り、「ニューヨーク・ポスト」を読んでいたが、顔をあげて私を見た。

「どうしました？」

「なにが？　なんでもないわ」

「それはなんです？」

「なんでもないの」私はグジムの前を足早に通りすぎて紙袋を前にかかげた。

「頭痛で。タイレノール買ってきたの」

「ちがうでしょう？」グジムはゆっくりといいながら頭を振り、新聞をたたんだ。

グジムはだませない。

私は立ちどまって見まわした。ロビーにはほかに誰もいない。そりゃそうだ。とっくに夜中の十二時を過ぎている。それで私は後もどりした。

「なんていうか、その――」唇をかむ。「ないのよ、ほら、あれが」顔がゆがむのがわかる。

私は泣きだした。

グジムは私が少し落ち着くのを待ってから口を開いた。

「あのイスラエル人ですか？」

「そうよ！　今じゃもう、好きですらないのに」私はそういいながら涙をふいた。「彼、嘘つきなの。この先、彼と人生を共にするなんてできない」

「ならやめなさい」グジムはジャケットの袖口を伸ばしながらいった。私たちはそれから立ったまま二時間話し続けた。

私は気がおかしくなりそうだった。大丈夫だと思っていたのだ。ちゃんと計算していたし、アレも着けていた――たいていは。

「なんでこんなことになっちゃったの？」私は愚かにもそう問いかけた。

「なんでか？」グジムは皮肉をこめた笑みを見せた。「それが人生ですからね」

二週間後、私は子どもの父親にこのことを伝えた。彼は震えあがりつつも、喜んでくれた。その数週間後には、プロポーズまでしてくれた。

私は丁重にお断りした。彼は、親になりたがっていなかった。本心では。私たちはふたりとも、相手とは結婚したくなかった。そしてお互い、そのことをわかっていた。

私は、赤ちゃんはひとりで育てると伝えた。あなたが望むなら好きなだけ関わってくれていいいし、いやなら関わらなくてもいい。あなたは責任を持つ必要はない。感情的になることなく、連絡が取れるようにさえしてくれればそれでいい。子どもと三人、友達としてつき合いましょう、家族じゃなく。彼は同意した。

三カ月後、お腹が目立ってくるとみんなに報告した。カトリック信者で結婚生活四十年以上の両親は、シングルマザーになる私の将来を案じた。当然だと思う。同性の友達は、既婚者もシングルも、子どもがいてもいなくても、だいたいにおいて応援してくれた。

けれど、私はゴシップのネタになった。父親はだれ？　フッたの？　フラれたの？　聞きたくなるのも無理はない。この手のことは、面と向かって聞かれることもあれば、そうでないこともあった。

それでも、ロビーにおりていけばグジムがいた。グジムとはしがらみがない。私はグジムの娘でも妹でも元カノでもない。部下でもなければ上司でもない。お互いが所属する社会的集団には、一ミリも重なるところがない。グジムは週六でロビーに立ち、一定の距離を保ちながら思いやりをかけてくれる完璧な友達のように、心配しすぎず、憐れまない。

宅配でベビーベッドが届いたときに、サインしてくれたのはグジムだった。ロンパースや哺乳瓶やおむつが届いたときも。調子はいかがですかと毎日聞いてくれるのもグジム。イスラエル人の元彼と会うのは、数週間に一回だった。

妊娠中の九カ月、グジムとたくさんおしゃべりをした。世知に長《た》けたグジムの物の見方を聞いて、私はずいぶん気が楽になった。アメリカというよりはヨーロッパ的だし、二十一世紀的というよりは冷戦時代の空気感のあるその見解は、根底に常に感謝の気持ちがあった。グジムはどんなときもぶれなかった。私の決断を尊重して支持し、私の威厳と自尊心を守ってくれた。あなたはまだ若いのです、とグジムはいつもいった。出会いはまだあるし、結婚だってできる。あなたには修士号も仕事も貯金もある。

結婚していないからってなんだっていうんですか。世の中を見わたしてごらんなさい。もっと大変なことがいくらだって起きてきたんです。あなたたちなら大丈夫。赤ちゃんは天からの贈り物ですよ。

八月、週末に出かけているときに予定より早く破水して、私はロードアイランド州のプロビデンスで出産した。二日後、両親が病院に迎えにきて、高速道路の九十五号線を南下しアッパー・ウェストサイドの我が家まで送ってくれた。

父の車がマンションの前に停まると、グジムはすぐに気づき、一段抜かしでステップをかけおりて後部座席のドアを大きくあけた。なにも知らせなくても、グジムはなかになにが待っているのかわかっていたのだ。

私はぐったり疲れきっていて、今にも泣きそうになりながら車から這い出た。グジムにハグで出迎えられたあと、車からチャイルドシートを取り外す。グジムと私はぐっすり眠る新生児を見つめた。ありえないほどかわいかった。

「きれいな子だ。よくやりましたね」

九日後、イスラエル人の元彼は、父親が倒れたとかで国に帰ってしまった。でも、彼とは友人としていい関係だった。翌年までは、赤ちゃんの画像を送ってあげた。眠れなくて長く感じた最初の数ヵ月、彼は電話をかけてきてくれて、ふたりで笑い合った。

でも、毎日顔を合わせるのはグジムだった。娘におはよう、おやすみの挨拶をし、笑いかけ、いい子いい子と優しい声をかけるのもグジムなら、大きくなったとか、笑ったとか、こんな言葉を初めていったなどと話してくれるのもグジムだった。

元彼とは一年ちょっと連絡を取っていたが、それから途切れてしまった。メールも電話もなくなった。私は画像を送ったが、返信は無かった。

娘はグジムによくなついた。娘はわかっていたのかもしれない。グジムが両手を広げ、心を大きく開いて娘をこの世に迎えいれたことを。娘の母親にしてきたように、娘を守る準備ができていたことを。

歩けるようになると、娘は両手を広げて歩道をよちよちと進んでいき、グジムにぎゅっとハグで出迎えられるようになった。

娘の父親は電話もしてこなければ会いにもこなかった。こちらからも電話もしなかったし会いにもいかなかった。でも、グジムには会いにいった。

今、私たちはカリフォルニアに住んでいるが、ニューヨークに行くと、かならずあのマンションに寄って、いつもの場所にグジムの姿を探す。いるときもあれば、いないときもある。それでもかならずチェックする。

グジムは、会うとかならず調子はいかがですかと聞く。すると私は娘を見てから、こう答えるのだ。

「不満はないわ」

ジュリー・マーガレット・ホグベンは教師であり小さな女の子の母親。ロサンゼルス在住で、今も独身である。このエッセイは二〇一五年十月に掲載された。

職なし、彼氏なしの私が出会った本当の私

マリーサ・ラッシャー

　私は三十七歳、独身、職なしで、おまけに憂鬱だった。二カ月後にはマンハッタンの東二十三丁目にあるワンルームマンションを出て、ブルックリンのシープスヘッドベイにある実家で母と暮らすことになっているからだ。ウォールストリートの弁護士事務所に退職金をもらってから、私が勤《いそ》しんでいた活動はふたつ、職探しとフィットネスだ。そしてかなりの時間を自宅マンションで過ごしていた。

　隣の部屋の住人である大学を卒業したての三人も、やはり部屋にいることが多かった。週末はもっぱらパーティで、夜十時三十分になると大音量のベースの音が壁をつきぬけてくる。スウェットにノーメイク、髪をお団子にまとめた私は、十一時ごろ（オバさんの私の観点でもまだ宵の口）にピンポンしに行き、もう少し静かにしてくれという。

誰かひとりが玄関に出てくると、アルコールと苛立《いらだ》ちのせいで少し顔を赤くして、音を下げますと約束する。たいていはその通りにしてくれた。してくれないときは、ドアマンか管理会社か、あるときなどは警察に電話した。それでも騒音は続いた。

二十三丁目のそのマンションの近くには大学が三つあった。賃貸契約書にサインするときは、住人に学生が多いとは気づかなかったのだ。学生がパーティ好きなのは当然といえば当然だ。けれど、それは私の人生のなかでもいちばん人づき合いの少ない時期だった。友人はほとんど結婚してしまった。収入ゼロなのに、家賃は月ほぼ三千ドル。つき合う相手を探そうともしていなかった。無職なことをポジティブに説明できそうになかったからだ。

ある午後、エレベーターのなかで、隣の部屋の住人のひとりと一緒になった。ジーンズにTシャツ、黒髪の生え際がほんのわずかに後退している。

「いつも真昼間に家にいるんですか？」彼がきいてきた。

「ここ数カ月はそんな感じよ」私は答えた。「求職中なの」

「僕もですよ。ロースクールの最終学年なんで」

「将来仕事を辞めるときは、次の仕事が決まってからにしなさいね」私はいった。さんざんそう忠告されてきたのに、実際その立場になってみるまでは、どれほど正しいことをいわれていたのか気づかなかったのだ。部屋の前まできたとき、私はいった。

「もうすぐ引っ越すの。だからあなたたち、夜通しがんがん音楽かけられるわよ。意地悪なオバさんはいなくなるから」

「どうして？」彼はきいた。

「家賃が払えないから。ブルックリンの母の家に引っ越すの」

「それはお気の毒」そういってから彼はもう一度口を開いた。「がんがん音楽かけてるのは僕じゃないです。一緒に住んでるやつらで」

たぶん本当にそうなんだろうと思った。私が怒って文句をいいに行ったとき、彼はいつも親切に対応してくれたし、いちばんすまなそうにしていた。

「あなたたち、いくつなの？　二十二、三ってとこ？」

「当たり。僕は二十三」

「私は三十七よ。次にくるお隣さんはもっと若い人だといいわね」

「三十七とは思わなかったな。せいぜい二十六くらいかなって」

おだてでる？　私は同い年の友人より若く見えたりはしないはずだ。でも、学生寮のようなこのアパートの同じ住人という括《くく》りに、彼はだまされていたのかもしれない。その午後、彼とまたばったり会った。スーツを着込んで面接に出かけるところだったので、私は頑張ってと励ました。

二週間後、私は友達のダイアナと近所のバーでウォッカのソーダ割りを飲みながら、彼女の携帯でマッチングアプリのティンダーを開いていた。すると画面に二十三歳のお隣さんの顔が出てきた。

「右にスワイプして！」私は思わずいった。「私と一緒に飲んでるっていってよ」

ダイアナは右にスワイプして彼とマッチングし、私と一緒にいると伝えた。そのあと私からのメッセージもつけ加えた。私だって土曜の夜に出かけるのよと自慢してみたかったのだ。私もちょっとは楽しんでるってわかったでしょ。私たちは何度かメッセージをやりとりした。彼は帰宅途中だった。うちで飲み直すから合流しない？と聞いてみると、イエスと返ってきた。

二十分後、私はダイアナと帰宅し、彼はウォッカのボトルとダイエットコークを何缶か抱えて現れた。

すぐに彼は笑いながらぶっちゃけた。

「僕と一緒に住んでるやつらは、あなたのこと大っ嫌いだよ。僕はどうして二十六歳が、僕らのパーティに目くじらたてるのか不思議だった。精神的に老けてるだけかと思ってたよ」

ダイアナと私はポインター・シスターズの「ジャンプ」に合わせて踊った。彼はこの曲を知らなかったらしい。ダイアナは朝の四時に帰る前、私に耳打ちした。

「彼、あなたのこと好きよ。ヤッちゃえ」

私は声を落として若すぎると抗議した。でもそのときにはもう、ご近所ならではの親密感ができてしまっていたらしい。ダイアナが出ていってすぐ、彼と私はキスし始めたからだ。

数時間後、目覚めた私たちは二日酔いだった。私はルームメイトたちにはこのことはいわないでと彼にお願いした。騒音に厳しいおばちゃんが、いきなりミセス・ロビンソン〔映画「卒業」で主人公を誘惑する、主人公の恋人の母親〕に変貌を遂げたことが、自分でも恥ずかしかった。二日酔いで動きの鈍った脳が、悲鳴をあげた。「いったい、なにが起きた？」

とはいえ、正直にいおう。それは私の自尊心をくすぐる事件でもあった。私は仕事もないし、夫もいないし、彼氏すらいないけれど、ちょっと可愛い二十三歳の男の子を惹きつけられるのだ。

それから数週間、私たちはまめにメッセージをやりとりし、何度も会って、互いの恋愛観や就職活動について話し、そうでなければただいちゃついた。私がかなり年上なのを感じるかと聞いてみると、彼は「そうでもないよ。あなたは働いてないし、いつも暇そうにしてるからかもね」と答えた。

「私が高校を卒業したとき、君は四歳だったのよ」私は教えた。

ある日曜の朝五時、彼は私のベッドで、彼のルームメイトが酔っ払って「うわっ！……またやっちまった」と叫ぶ声で目を覚ますというなんとも皮肉な体験をした。

「ホントに最悪だ」彼はそう怒鳴って私の枕をかぶる。

「因果応報ね。これでわかったでしょ」私はにんまりした。

彼といるとき、恋愛中にいつも感じる不安をまるで覚えなかった。不安な気持ちを相手にぶつけたり、私は彼にふさわしいかと悩んだりする代わりに、私はただ楽しんだ。年の差のおかげで、この恋に未来はないとわかっていたからだ。それに、私はもうじき引っ越すことになっている。

まったく心配がなかったというわけではない。他人にばかなことをしていると思われる心配はしていた。けれど、彼氏や夫のいる友達に話すと、まるでファンタジーじゃない、といわれた。

「少なくとも、楽しんでるんでしょ」離婚間近の友人がいった。「私たち、誰ひとり楽しんでないのに。私なんて、夫に触れるのもいやになったわよ」

それでも、彼と私との間には深い溝がある。彼がこういったのを聞いてまざまざと思い知らされた。「つき合う相手を探してるときって楽しいよ。いろんな人と出会えるもんね」

恋の相手を探すのは、私にとってまったく楽しいものではない。職探しと同じだ。たぶん私が、その両方にほとんど同じようにアプローチしているからだ。戦略を練り、計算を重ね、最高の自分を前面に押し出し、欠点を隠すことができるだろうかと不安になる。ところが彼といると、そんな心配はひとつもなかった。

彼が、たいしてその気もないのに、女の人といるとつい流れで口から出まかせをいってしまうと打ち明けたとき、私は、これからもそれは変わらないわねと断言した。まあ、先のことはわからないけれど。

正直に話ができるのはとても新鮮だった。同世代の人とデートすると、相手は不安を隠すためにわざわざ尊大にふるまう。会って一時間もしないうちにこれまでセックスした人数を自慢してきた男もいれば、二度目のデートで自分のナニが大きすぎて別れた恋人がたくさんいると話し始めた男もいた。ご忠告くださるとはなんとご親切なこと！

ちゃんとした恋愛になりそうだと思うと、私は必要以上に上品になり、ガードが固くなる。そしてあの男たちと同じで、ありもしない自信を演出するためのストーリーをでっちあげる。ところがお隣さんには、その一年がどれだけ辛かったか、職や愛する相手を見つけられないのではないかとどれだけ不安に思っていたかと打ち明けた。失うものがなければ、私は弱さをさらけだせるいい女になれるのだ。

ある晩、私の部屋でふたり寄り添いながら、私がこれまでの男関係のトラブルや将来の仕事の不安についてだらだらと話していると、彼がいった。

「就《つ》きたい職とかつき合ってる相手に固執するのって、ほかにはもうないって思うからだよ。でもさ、次って必ずあるじゃん」

まさにその通りだと思った。賢明な考察だ。でも、職に関しても恋人に関しても、三十七歳よりも二十三歳のほうが、そういう考え方で生きるのは簡単だ。

ある晩、少し飲みすぎて帰ってきた私は、マンションのエントランスで彼にばったり会った。ふたりが会うときを決めるのはいつも彼だったので、私は主導権がぜんぶそっちにあるのは不公平だと文句をいった。つき合うときのいつもの悪い癖が出て、プレッシャーをかけたのだ。彼は自分の部屋に逃げこんだ。

翌日、彼からメッセージがきた。「僕たち、少し離れたほうがいいかな。あなたはすごくいい友達だけど……ちょっとややこしくなってきたよね、ハハハ」

「ハハハ」というのは、話を軽い感じにするためのミレニアル世代のやり方なのだとわかっていたが、ここが大事なところだ。この「軽い」関係のなかでは、私は自分をまるごとわかってもらうことができた。普段ならそんなことはしないのに、欠点をぜんぶさらけだして。彼と一緒にいると、私は本当の私になれた。それは新たな発見だった。

同時に難しい問題でもある。なぜなら、私は本気で愛情を得たいと思っているときには本当の自分になれないらしいからだ。そんなときは未来のことばかりを考えてしまうから。ひとりの男を（あるいは職を、としてもいい）手に入れるためには、完璧な自分でなければと思ってしまうものだ。傷つくことに怯えながら一か八かの勝負に出ているときには、弱さなどみせられないと思ってしまう。

一年後、私はようやく、職を得られるだけの、ほどほどの完璧さは手に入れた。愛を手に入れるのにちょうどいい、ほどほどに不完全な自分をさらけだすには、まだ修行が足りない。

マリーサ・ラッシャーはマンハッタン在住で、組織文化と従業員のパフォーマンスを強化するための、共感ベース型アプローチを開発している。このエッセイは二〇一七年十月に掲載された。

ありのままの私を受け止めて

テリー・チェイニー

私は双極性障害で、目まぐるしく別の人格に変化し続ける人生を長いこと送ってきた。私の症状の正確な名称は双極性障害の超急速交代型で、薬を飲まなければ、自分自身の気分のとんでもないアップダウンに振り回されてしまう。何日間か「アップ（魅力的でおしゃべりで感情表現豊かで面白くて創造的だけれど、なかなか眠らないし、ずっと一緒にいると疲れるタイプになる）」が続いたあとに「ダウン」、つまり基本的に動けなくなる状況が数週間ぶっ通しで続く。

始まったのは高校時代。ある朝、とにかくベッドから出られなくなった。そのこと自体はそれほど悪いことではないけれど、二十一日間ずっととなると話は別だ。このパターンが何度も続くと、両親も友達も先生たちも心配はしたが、みんな私を変わっているだけだと思っていた。それでも私は優秀な生徒で、品行方正で、卒業式には総代として挨拶をした。ヴァッサー大学でも同じで、精神的な病を抱えていても成績は良かった。その後のロースクールも楽々とこなし、すぐにロサンゼルスで芸能系専門の弁護士となり、数々のセレブやメジャーな映画会社を顧客として成功を収めた。その間、私はありとあらゆるものに助けを求めていた。医者、セラピスト、薬、電気ショック療法のような恐ろしい治療まで。けれど、すべて無駄だった。

医者以外には、誰にも知られなかった。スキルと生産性がすべての仕事関係では、秘密はわりあい楽に隠せた。友達や家族には、かなり念を入れた嘘をついて気づかれないようにし、自分が調子の良いときにしか会わないようにしていた。

だが、プライベートとなると、話は変わってくる。恋人には隠せない。恋人には本当の自分をわかってもらわなくてはいけないのに、次の瞬間にはどんな自分になっているのか、私自身にもまるでわからないのだ。私とデートをしたら、ベッドに入るときにはボヴァリー夫人〔フローベール著『ボヴァリー夫人』の主人公で華やかな暮らしを夢見て不倫をする〕だったのに、起きるとヘスター・プリン〔ナサニエル・ホーソーン著『緋文字』の主人公で姦通の罪で迫害を受ける〕になっていたりする。なにより悪いことに、躁状態の魅力的な私は、年がら年中、鬱状態の私にはとても対処できないような状況を作ってくるのだ。

たとえば、ある朝私はスーパーの果物売り場である男性と出会った。私は三日間寝ていなかったが、外見ではそうとはわからなかったと思う。瞳は緑に輝き、ストロベリーブロンドの髪の輝きは、本家の苺も負けていたはずだ。私は文字通り輝いていた（スーパーへ行くのに金のスパンコールのついたシャツを着ていた——躁の私はいつも悪趣味だ）。私は飢えていたけれど、欲しかったのは果物ではない。彼が欲しかった。着古したジーンズを穿《は》いてヤンキースのキャップを斜めにかぶったその男が。

私は彼のカートの横に自分のカートを近づけると、淫らな感じで桃をきゅうっと握った。

「私、桃は硬めが好きなの。あなたは？」

彼はうなずいた。「それに、傷がないのがいいね」

始まるにはそれで充分。私は攻撃を開始した。自分の名前を伝えてから、彼に果物なら何が好きで何が嫌いか、スポーツなら、大統領候補なら、そして女性の好みはと聞いていった。ものすごいスピードでしゃべっていたから、彼の答えを聞く暇もないくらいだった。

私は桃をひとつも買わなかったけれど、土曜日のディナーデートの約束をしてスーパーを出た。あと二日。休息を取り、脚の脱毛をして、いちばん似合う服を選ぶ時間はたっぷりある。

ところが家に着くころには、すでに闇が舞い降りていた。クローゼットをあさる気にもならなければ、買い物袋の中身を出すのも面倒だった。買い物袋はカウンターの上に置きっぱなし。食料品が腐ろうがどうでもいい。スパンコールのシャツを着替える気もおきない。いつものようにベッドに転がりこんで動かなかった。じわじわと乾いて固まっていくコンクリートに浸かってしまったみたいだ。できるのは、ただ息を吸いこみ吐き出すことの繰り返しだけ。あまりの単調さに泣きたかったが、涙を出すのも億劫だった。

土曜の午後、電話が鳴った。まだベッドのなかにいた私は、体の向きを変えて電話を取り、もしもし、と声を絞り出した。

「ジェフです。ほら、桃の。ちょっと君んちの住所を確認したくて、電話したんだ」

ジェフ? 桃? そんなワードに関係のありそうな人と話したことがあるような気がする。でも、なんだかひどく大昔のことのようだ。それに、その人と話していたのは私ではない。というか、少なくともこの私ではない。私は朝からスパンコールなど着ない。けれど、私のなかの良心はちゃんとしていて、「起きて着替えろ!」と耳元で怒鳴ってくれた。「デートの約束をしたのが自分じゃなくて彼女だなんてことはどうでもいいの。あんたがなんとか乗り切るのよ」

ジェフが七時に現れたとき、私は着替えも準備もできていた。でもそれはデートというよりは葬式の装いだった。全身黒で、メイクもなし。もともと色白の肌は幽霊のように青白く見えた。それでも私はドアを開け、挨拶のキスをしてもらおうと頬を差し出しさえした。彼の唇の感触に、少しの喜びも感じなかった。喜びは生者のためのものだ。

私にはなにも話すことがなかった。そのときも、ディナー中も。それでジェフが話した。最初はたくさん話していたが、しだいに言葉が少なくなっていき、デザートのときにはついに、「もしかしてなんだけど、君、双子の姉妹がいたりしない？」と聞いてきた。

それでも、その後彼から電話がなかったとき、私はとてもショックだった。

二週間後、目覚めると世界はディズニー映画だった。ラッパスイセンみたいにくっきりと黄色い陽の光、コマドリの卵のように青い空。窓の外で鳥がさえずるのは、間違いなく私だけのための特別な歌だ。もう一分たりともじっとしていられない。私はベッドから飛びだして、寝間着のまま踊った。グレーのフランネルでできた囚人服のような寝間着。鏡に映ったのがちらりと見え、私はぞっとしてすぐに脱ぎ捨てた。

クローゼットのなかを引っかきまわして、まともな服を探す。でも手にするもの手にするもの、どれも気に入らない。まず第一に、ぜんぶ黒なのだ。私は黒が大嫌い。グレーも嫌いだけど、黒はもっと嫌い。赤毛の人間は、色選びをきちんとしなくてはいけない。それがどんなに大変でも。クローゼットの奥を探っていくと、黒のなかにうずもれたスーパースキニージーンズとなにかつるつるキラキラしたものを見つけた。欲しいのはこれ。美しい金のスパンコールのついたシャツ。

私はすぐにシャツを着てしわをのばした。うん、イケてる。それからジーンズを穿こうとぐっと引き上げる。ナマケモノみたいな生活をしたこの二週間で一、二キロ太ってしまった。でももう一度力を込めて引っ張りあげると、ファスナーもしまった。おや、ポケットから何かがはみ出してる。名刺だ。黒いペンで走り書き。電話してね。ジェフ。

ジェフ？

ジェフ！　私は足元に落ちていた寝間着を蹴飛ばして走り、ベッド脇の電話の受話器をつかんだ。朝の六時半。電話をするには早すぎる？　そんなことない。あのジェフだもん、大丈夫！　私は何度もコールを鳴らした。あきらめかけたとき、くぐもった眠そうな声がした。

「もしもし？」

「私よ！　なんで電話してくれなかったの？」

「私」というのが誰なのかわかってもらうのに少し時間がかかったが、最終的には思い出してくれた。「なんか、別人みたいだな」とジェフはいう。「いや違う。今日のほうが君らしいのかな。よくわからないや。朝早すぎるし」

それからすぐに、彼は私のおしゃべりを聞いて笑いすぎてしゃっくりが止まらなくなり、電話を切らなくてはいけなくなった。だが切る前に、金曜日にデートしようと誘ってきた。金曜は三日後だ。

だめだわ、と私はいった。今晩じゃなきゃ。なんなら午後でも。彼と親しくなるチャンスを、もう失いたくなかった。シンデレラが舞踏会にいられる時間は限られていることを、私は知っている。

ふたりの妥協点は、その晩八時のディナーだった。私は午後じゅうかけて、家のなかの鬱の痕跡をなにもかも消していった。洗剤をつけて磨き、ほこりを払い、掃除機をかけるのにありったけのノズルを使った。なかには物々しいノズルもあったが、それも使った。それから花屋に走り、アンモニアや漂白剤のにおいを消すために、カサブランカを一ダース買った。

家が完璧に見えるようになると、今度は同じ勢いで自分自身に向かっていった。洗って磨いてクリームを塗り眉を整える。できることはなんでもやって、「ギルダ」〔一九四六年のアメリカ映画。ヒロインのギルダは男を狂わせるファム・ファタールの典型として有名〕のリタ・ヘイワースみたいなスモーキーな魅力を作りだした。アイシャドウを入れているとき、映画について語ったリタ・ヘイワースの毒のある言葉を思い出した。「男はみんなギルダに恋をして、目が覚めると私に気づく」私は辛くなった。メイクをする手が震えるほどに。私はマスカラを塗り終えることができなかった。

ふいに、私の輝きは消えた。口の周りにしわができ、目は虚《うつ》ろ。十歳は老けて見える。ファンデーションもチークも丁寧に塗ったのに、鏡に映った肌は死人のように青ざめていて、私は思わず後ずさった。

私はトイレの便座に腰かけ、泣き出した。やってきたその瞬間にヤツだとわかるほど、私は何度もこの敵に出会ってきたのだ。今はやめて。私は祈った。お願い、今だけは。マスカラが頬に流れ落ち、それをぬぐう。跡が残るのも気づかない。七時五十七分。脳内化学物質を抑え込むのに使える時間は三分。もちろん別の選択肢もあることはわかっている。ジェフに本当のことを話すのだ。でも、彼は桃に傷があるのも許せない男だ。傷のついた心をどう思うだろう？

もしかしたら、わかってくれるかもしれない。もしかしたら、私は勇気を出すことができるかもしれない。もしかしたら、医療が進んで治療法が見つかるかもしれない。

もしかしたら。でもそれは今夜ではない。ドアの呼び鈴が鳴り続ける。私はトイレでうずくまって震えていた。怖かった。ジェフがそこにいる私を見つけてしまうことだけでなく、私がただの一度も愛を見つけられないのではないかと思えて。

やっと静かになると、私は残りのマスカラを洗い落とし、カクテルドレスを脱いで洗濯かごに投げ入れた。それからグレーのフランネルの寝間着を着てボタンをきっちり締め、これから始まる長い夜に備えた。

その後、ジェフからの電話は二度とこなかった。

それが五年前のことだ。アップダウンを繰り返し、私に合う医者、合う薬を求め続けた長い長い五年の月日。そしてようやく、私の脳内化学物質の不安定さには治療法はないということを受け入れた。それは愛に治療法がないのと同じ。でも、お気に入りの小さな黄色い錠剤がある。それから水色の錠剤と、きれいなピンクのカプセルと、そのほかにもいくつか別の色の薬があって、なんとか私の生活は回っている。私はまだ人が変わるけれど、薬のおかげでボヴァリー夫人でもヘスター・プリンでもなく、その中間くらいだ。相変わらず気分は変わるが、別人格というほど振り回されてはいない。

皮肉なもので、安定しているというのはとてもワクワクすることで、私はまた恋人探しを始めようと決めた。友達の強い勧めに負けてマッチングサイトに三カ月の登録をした。すると最初の質問事項は「あなたはどんな人間ですか?」だった。

正直でありたいけれど、どう答えていいのかわからない。私はどんな人間なの? あのころの私はどんな人間だった?

最近、前と比べて生活が扱いやすくなった。一見穏やかなのが、まるでビロードのような足裏を持つ虎だ。それでも太陽の光がまぶしすぎると思うことがよくある。一瞬、空がぜんぶ私のもののように思える。ギルダになれたら、どれほどすばらしいだろう。心のなかでそうだと思っているだけならいいんじゃない? でも、私はその美しい空の代償を思い出す。それで私は化粧を落とし、ヘアスタイルを崩し、スウェットを穿いてスーパーに行く。金のスパンコールのシャツはクローゼットに眠ったまま。手放そうかと思っている。
でも、もう少しだけ、置いておこうかな。

テリー・チェイニーは「ニューヨーク・タイムズ」のベストセラーリストに載った『Manic』の著者であり、彼女の書いた記事や解説は、多くの読者を獲得した「Psychology Today」内のブログで発表されている。このエッセイは二〇〇八年一月に掲載された。

自分の言葉で

ギャブリエル・ウルバイ

彼をうちに呼んだのは、セックスするだけのためだった。だから、翌朝目が覚めると彼がズボンを穿こうとしたのを見て、「見送ってほしい？」と聞いた。

「いや、ただトイレに行きたくて」と彼はいった。「まだここにいたいな。君がいいなら」

別に異論はなかった。それで彼はその日はそのまま部屋でべったり私のそばにいた。私たちは、トイレに行ったり食べる物をあさりにキッチンに行ったりする以外は、寝室から出なかった。その間、ルームメイトたちは「ティンダー〔マッチングアプリ〕で知り合ったイケメンとセックス漬け」の私の噂をして笑っていた。

「君は僕の理想の女性だと思うんだ」と彼はいう。「ティンダーで出会ったなんて、とても信じられないよ」

私は誰かの理想の女性だったことなどない――私自身の理想からもかけ離れている。私が思う男にとっての典型的な理想の女性は、もっと背が高くて、もっと痩せていて、もっと落ち着きがあって、金髪だ。でも彼は私こそが理想だと言い張った。そしてふたりで夕方まで体を重ね合った。

あとになって聞いてみた。「いつも会ったばかりの女の子とセックスするの?」

彼は片眉をぐっと上げた。「俺、そんなセックス狂いに見える?」

私は慌てて笑っていう。「もちろんそんなことないけど」

すると彼はようやく答えた。「まあ、めったにそうはならないよ。もちろん、どうぞといわれたら断りはしないけどさ、セックス目当てで会ったりはしない」

ちょっと考えてから私は聞いた。「私、セックス狂いに見える?」

彼の声が柔らかくなった。私を抱きしめる腕に力がこもる。「そんなことないよ、全然。それどころか、レディに見える」

褒めているつもりだったんだと思う。でも、私は彼の誠実さを疑っていたので、その言葉はむしろショックだった。彼が、私の気分を良くしようとしたか、もっとセックスしたいと思ったから、そんな嘘をついているんじゃないかと思ったのだ。

子どものころ、いつもこういわれていた。「自分の言葉で話しなさい」――自分の伝えたいことやしてほしいことを正確にいいなさいという意味だ。大人になって、私は自分の言葉で話すのがうまくない人が大勢いることに気づいた。ことにセックスの前後。自分が本当にいいたいことや望むことを正確にいっているように思えた人はほとんどいない。

それでも私はにっこり微笑んでこういった。「ホントに？　ありがとう」私は彼の頰に、こめかみに、おでこにキスをする。「あなたも紳士に見えるわよ」

実際そうだったから。でも私は、彼が私と同類で、無節操な自分を隠しているのならいいのにと思った。今回みたいに出会ってすぐに寝てしまうのは、私同様、彼にとっても実は特に珍しいことじゃないのならいいのに。そうでないなら、本当の私を知ったときに、彼が引いてしまう心配をしなければならない。私を薄汚い女だと思うか、道徳心が欠落していると思うかのどちらかだろう。今は私のこと、レディとかなんとかいっているけれど。

「ああ、君の笑顔って綺麗だね」けだるげに私のウエストを撫で、お腹を撫で、腰を、太ももを撫でながら彼はいう。「君ってホント、なにもかも最高だ」

「そんなに褒めなくていいのに」

「褒めなくていいのはわかってるけど、思ったことをいっただけ」

彼は私を賢くて、面白くて、独創的だという。「君にはいいカルマがあるんだよ、ギャブ」

「あなたは、私には見えない私が見えるのね」私はいった。

自分がどうしてそんな言葉に引っかかってしまったのかわからない。そもそもその類《たぐい》の褒め言葉を望んでいたわけでもないのに。どういうわけか、私は昔から、自分の人生がたったひとつの問題を解決することで大きく改善されていくものだと考える傾向があった。高校時代には、歯の矯正が終わったら、ニキビがなくなったら、大学に行くようになったら、なにもかもうまくいくと思い込んでいた。

そして今、年齢も重ね、おそらく知恵もつけたはずなのに、素敵な恋を見つけたらなにもかもうまくいくと考えている自分に気づいた。間違いばかりしでかしていて、うるさくて狡猾なこの私を愛してくれる男が現れたら。キスひとつで私を自己憐憫《れんびん》の沼から救い出してくれる誰かがいたら。他人のなかに美しい心を見出したい、私と同じように痛みを抱えた誰かの心の傷を癒したい、そしてその人に私の傷を癒してほしい。私はずっとそう願ってきたのだと思う。

その夜、私は素敵な恋を求めていたわけではなかったが、その不誠実な男が、私のことを理想の女性だといったせいで、私の意識に深く入り込んできた。でも、その後の結末を考えると、その言葉がひどく残酷だったと思わざるをえない。地下鉄から降りていく彼からの唇へのキスとウインクが、私たちの最後のお別れだった。

その前に、彼はにやりと笑って「また今度」といったけれど、彼と会うことは二度となかった。それ以来、「また今度」というのは、子どものころ、私がなにかひどく手のかかりそうなことをしたがったときに大人にいわれた「また今度」と同じ意味なのだとわかった。つまり、「それはいやだよ」とか、「気が向いたらね」ということだ。

私はよく、「おだてられたから、好きになっただけだろ」とか「セックスがいいと、好きな気がしてくることもあるじゃない」などと諭される。

「なにを期待してたの、ギャブ？」友人にいわれた。「誰かと絆を結ぶのって、そんなにすぐにできることじゃないよ」

「うん……」

私は肩をすくめた。「そんなつもりじゃなくて。ただ、特別に思えたのよ」

友人はため息をついた。「あんたの悪いとこはね、一足飛びに飛びこんじゃうってことよ」

状況をこんなにも読み違えてしまうからには、私にはなにかひどく、病的なくらいにおかしいところがあるのだと思う。医者に診てもらいたい。どこが悪いのかはっきり教えてもらいたい。去っていった男に、がっかりしたのかと問いたい。私は望んだような女ではなかったのかと聞きたい。

友人は私に、自分を愛さなくちゃだめだという。自分を愛せば人生は良くなるのだそうだ。矯正したりニキビのない肌を手に入れたりして綺麗になろうとしたときと同じ。どうすれば自分を愛せるのかと聞くと、友人は哲学者よろしく「答えはあんた自身のなかに見つけるの」という。アドバイスが抽象的すぎる。友人も答えを見つけられなかったんじゃないかと思う。

自分のなかにって、どうやって見つけるの？　自分の喉に手を突っ込んで、「自己愛」というラベルの貼ってあるきらきら輝く小さな塊を手探りで見つけるところを想像する。きっとなにかややっかいな臓器の裏とか手ごわい筋肉のひだの内側に隠れているのだろう。そして、この魔法の万能薬を見つけた私は「やっと見つけたわ。今までどこにいたの？」といってから、それをまた私のなかにもどす。今度はちゃんと正しい場所に。

私は聞きたい。なくしたことに気づいてもいなかったものがどれなのか、わかるものなの？　で、見つけたらどうなるの？

でも実は私は、自分の問題が自己愛の欠如だとは思っていない。私はセックスそのものを楽しんでいる。男が楽しむのと同じように、純粋に楽しんでいる。これは隠すつもりもない。問題をややこしくするのは、男が姿を消す前の甘い言葉の数々だ。

「理由もいわずに消えるって、終わらせ方として、いちばん卑怯だと思うのよね」私はある男友達にそういったことがある。彼はその何年も前に突然音信不通になった男のルームメイトだった。

「じゃあ、面と向かって、君には気がありませんっていってほしいの？」友達はいった。

「うん、そのほうがいい。バカみたいな気持ちにさせられるよりね」

それからしばらくして、寝た男と夜中に私のアパートに向かって歩いているときに、綺麗だといわれた。彼は私の手の甲を親指で撫でてにっこりと笑ったけれど、その言葉にはなんの意味もない。街灯のオレンジ色の明かりの下では、割れたガラスだって素敵に見えるものなのだ。

「すごくラッキーだって思ってるよ」と彼がいう。「君みたいな女の子が僕と一緒にいてくれるなんて、信じられない」

私は翌週彼にメッセージを送ったが、返信はなかった。私はイライラした。でもよく考えてみたら、彼があんな余計なお世辞をいったりしなければ、私は彼にメッセージを送ろうとも思わなかったはずだ。

そのあと、あの不誠実な男が私をレディと呼んだのだ。フェイスブックで私を友達に追加し、これからよろしくといった。私の肌は柔らかくて、私の笑顔は美しくて、こんな人に出会えたことが信じられないといった。

「女の子には優しくすることにしてるんだ」と彼はいった。

私はにっこりした。「じゃあ、あなたは『自称いい人』なのね」

「そうだよ。えっ、だめかな？」

「ううん、いいのよ、気にしないで」私はそういって、片脚を彼の両脚の上に乗せた。彼は私の頭の下に腕を入れて腕枕をしてくれた。「ただね、男に義務感から優しくされるのはいやなの。わかる？　優しくしたいからするっていうのがいいのよ」

「もっともだよ」彼はそういってから、私の髪の毛のなかに手を入れて、額にキスした。

私はゆきずりのセックスが恋愛に発展することを望んだりはしない。もう入室許可が下りているのに、お世辞が寝室への扉をあける鍵だと思う男がいるのはどうしてなのかわからない。そういう男は、私とすごくつき合いたいなどといっておきながら、翌日には、あの子はどうして、俺がつき合いたがってるだなんて思うんだろうと不思議がる。

私は褒め言葉はいらないけれど、いきなり音信不通にされる筋合いもない。セックスしたいなら卑怯な手は使わないで。本当に思っていることだけいえばいい。自分の言葉を使いなさい。


ギャブリエル・ウルバイはアイルランド国立大学コーク校で修士課程に在籍中。「タイムズ」のほかにも、「Film Ireland」「O'Bheal」「Alma」に寄稿している。このエッセイは二〇一八年一月に掲載された。

地図のない思春期

クレア・スコヴェル・ラゼブニック

「少なくとも、あの子はイケメンよ」長男の将来の恋愛の話になると、私は夫にいつもそういう。実際、息子はイケメンだ。青い瞳、ちょうどいい癖っ毛、広い肩幅、温かい笑み。声は低くて（声変わりしたばかりで本人も意識している）、物腰も穏やかだ。女の子たちが彼に夢中にならないなんてありえない。きっと今に好きになってくれる女の子が出てくるだろう。

ただ、息子は自閉症でもある。疲れたり体の調子が悪かったりすると、言葉が出なくなったり、間違った使い方をしたりする。会話を続けるというただそれだけのために、膨大な努力を強《し》いられることもある。まるで母語をすっかり失って、一単語一単語覚えていかなくてはならないような状況になる。

今彼は、みんなと同じ習慣を習得しようと努力している。ほかの子たちの様子を熱心に見て、手がかりや手本のようなものを探している。彼がふつうのティーンエイジャーの世界に入っていくための道しるべになるようなものを。息子はその世界に溶け込みたくてならないのだ。彼らと同じような服を着て、身振りを真似て、無礼さまで見習って、彼らと同じように、AXE《アックス》のボディスプレーを体にシュッとする。

集団でいるとき、みんなが笑うと彼も笑う。けれどほんの少し遅れるし、笑い声が大きすぎる。息子は、集団に馴染むには笑うことが必要だと知っている。そこまでは、観察すれば理解できる。理解できないのは、みんなが笑ったジョークのなにがおかしいのかということと、どうしてほかの子たちにはおかしいとわかるのかということだ。

長い間、息子は自閉症の小さな男の子だった。それはなかなか大変なことだった。でも今、息子は自閉症のティーンエイジャー——女の子が気になり始めるティーンエイジャー——になり、また別の問題と向き合う必要が出てきた。

「ねえ母さん」一緒に店から出たとき、息子がいった。「さっきの子、エロいね」息子は小声で話しているつもりだが、実際はそうではなかった。彼にとって声の大きさの調節は難しく、自分の声がどう聞こえているのかをきちんと把握することができない。海辺にいるビキニ姿のライフガードもやはり「エロい」。ジェシカ・アルバもそう。息子はジェシカの写真をプリントアウトして丁寧にバインダーに貼っていた。その隣にはキーラ・ナイトレイの写真が貼ってある。

「エロい」というのは友達が使っている言葉をそのまま拝借したのだろうが、細くて胸が大きい女の子が好みなのは、息子の本心らしい。彼が、たいていの十代の少年たちが誰にも見られていないと思っているときにするのと同じようなインターネットの使い方をするようになって、それがわかった。

まずはパソコンのブラウザに有害サイト対策のフィルターをかけ、夫が息子に基本的なルールを教えた。セックスをするのは、本当に恋をしてから。コンドームは必ずつけること。エロ本の類《たぐい》はお母さんに見つからないところに隠すこと。息子はこうしたことをちゃんと覚えているはずだ。なぜならそれがルールだから。息子はルールを守るのが得意だ。

難しいのはそっちではなくて——感情面、心臓が止まるかと思うような恋のあれこれにまつわることだ。

息子が女の子と恋をしたいと思っているのはわかっている。自閉症の子は愛することができないという人もいるけれど、そんなばかな話はない。息子は深く愛することができる。ただコミュニケーションがうまくできないだけだ。私たちが恋に落ちたときに頼る直感（相手の思いを感じとれること、気持ちが繫《つな》がった瞬間に気づくこと、相手がどうしたいかを予想すること）を、彼は自然に得られない。

息子が出会う女の子たちに知ってほしい。話し方が少し変で、相手の言葉を理解するのに苦労することがあるからといって、素敵な恋人になれないわけではない。息子は善良な心を持っていて、相手をコントロールしようとしたり傷つけたりなどは絶対しない。感謝の気持ちを持ち、親切に誠実に行動するはずだ。けれど、息子ができないことに対する不満を乗り越えてでも、彼のいいところをわかってくれる女の子がどれほどいるだろう？

もしも私がその立場だったら、どうだっただろうか？

そして、この手のことは無理にお願いするわけにはいかない。いくら相手に思いやりがあっても。

去年、息子は、ソーシャルスキルのクラスで知り合った女の子と仲良くなった。特別支援用語でいえば「低機能自閉症」とされる少女だ。彼女は特別支援学校に通っていたが、それでも自分があざけりやいじめの対象になっていると感じていた。侮辱されたとか冷たくされたという彼女の話がそっくりそのまま真実なのかはわからない。けれど彼女と電話で話している様子を聞く限り、息子は全面的に彼女を応援していた。

「なんてひどいんだ！」息子はしばらく黙って聞いていたあとで大声をあげた。「そんなことするのはダメだよね」

私はそれを聞いて思った。「女なら、あんなふうに慰めてくれる男にそばにいてほしいに決まってる。喜んで話を聞いてくれて、信じてくれて、いつでも味方になってくれるんだから」私は望みを持った。

ところが結局、ふたりは別れてしまった。「別れる」という言葉があの終わりにふさわしいのか、それさえ怪しい関係ではあったが。彼女が不平をいい続けるのに、息子が飽きてしまったのだ。そして正直な話、彼女はちっとも「エロ」くなかった。息子がそういったわけではないが、決断の一端として、そういう要素もあったのではないかと思う。

それ以降、息子がデートに誘う相手は決まって対極にいるタイプで、ことごとく断られた。たいていの場合は(少なくとも私が知る限りでは)とても丁重に。

それでも彼は高望みをやめなかった。最近は、学校じゅうでいちばん目立つ運動部のスター選手、それも野球部とバスケ部のキャプテンを兼任する八年生の男子生徒とつき合っている女の子をデートに誘った。私がそんな子は高望みかもよと助言すると、息子はわからないという顔をした。生徒たちをグループに分けたり、はぐれ者にしたりする決め手となる、「人気」という社会的に複雑な要素が絡み合ったものは、彼にとってはなんの意味も持たない。口に出していわれもしなければ、数値も示されていないからだ。私たちはたいてい本能的にそれを察知する。だが彼にはできない。

こんなに断られて、もしも彼が落ち込んでいたら、私も絶対、打ちのめされてしまったと思う。でも、今のところ、彼は気にしている様子がない。感情面では気づかないことが多いという点が、この件に関しては救いになっている。息子はまだ中学生で、友達のなかにデートらしいデートをしている人はいないから、取り残されたようには感じていないだろう。けれど、高校に行っても大学に行っても、ずっと断られ続けるのだろうかと不安になる。ほかの子たちはうまくカップルになっていくはずだ。息子自身が、自分を愛してくれる女の子がいないのではないかと不安になり始めたら、どうしてやればいいのだろう？

礼儀正しい会話術（質問し、熱心に聞き、さらに質問する）や、パーティのホストの心得（飲み物を勧め、アクティビティをいくつか提案し、ゲストの意向を聞いて選ぶ）や、教師の喜ばせ方（時間通りに席に着き、授業中行儀よくする）なら、子どもに教えられると経験上わかっている。でも、自分のことを愛してくれそうな人を好きになるよう息子に教えるにはどうすればよいのだろう？　彼のことを見た女の子の心臓をどきりとさせるためのルールとは？

息子が自閉症と診断されたのは二歳半のことで、そのときは、予後はまったく明らかにされなかった。話せるようになるのかどうかさえわからなかった。でも、優秀な専門家の方々についていただいたおかげで、彼はとてもよくなった。最初はゆっくりだったが、そのうち急激な成長を遂げるようになった。小学校を卒業するころには、行動面でも学業面でも大きな問題はなくなった。

誰もがよかったねといってくれた。息子は乗り越えたのだ。ある人がうちの子たちとパーティで会ったとき、自閉症の子がひとりいるんだよとほかの人に教えられた。「どの子?」その人は心から驚いてそう聞いたあと、当ててみたが外れた。

けれど、それはちょっと離れたところから見ていたからだ。近くに寄れば、息子がほかの子とは少し違っていて、障害があることがわかるだろう。その違いは根本的で永久的なものだ。近寄ることからおつき合いは始まる。近寄ることが愛のすべてだ。さらにセックスは?そう、それはもういうまでもない。

ここから、さらに恐ろしい問いが出てくる。もしある女の子が最終的にオーケーしたら、どうなる? 一、二年前なら、デートというのは、ちょっとキラキラして見えるだけで、ふつうに友達と遊ぶのとなんら変わりのないことだった。ところが、小耳に挟んだ話では、息子のクラスには、男女でいちゃついたりする子もいるらしい。しかも、性的な気配がかなり濃厚ないちゃつきだという。息子の身体は成長した。精神的発達は伴っていないにせよ、肉体的にはもう小さな男の子ではない。

たくさん努力して暗記してみんなが使っている言葉や習慣を覚えたように、息子はセックスの世界を渡っていく術《すべ》を学ばなくてはいけなくなる。でもどうやって？　真似をしたり、観察したり？　私たち親がルールを教え込む？　いや、違う。息子がこれまでソーシャルスキルを学んだり真似たりする手本にしてきた子どもたちは、これに関しては暗闇のなか、閉ざされた扉の向こうで、失敗を重ねながら自分で習得していく。ことこの件に関しては、夫や私が横から口出しして教えられそうにない。息子は本当に自分で理解していかなくてはならないのだ。

とはいえ、これまでには息子が同じくらいの難問に、私が予測できないようなやり方で立ち向かうのを見たことがある。たとえば、私は、自閉症の子どもはほかの人間の苦しみに気づいたり、その人の身になって感じたりすることができないと教えられていた。誰かが不公平な目にあったと愚痴をいったら「なんてひどいんだ！」などというべきだということは学べる。でも、他人の感情や気分の微妙な変化に気づいて反応するのは、彼の守備範囲ではないはずだ。実際、息子が小さいころ、私が目の前で泣いても（恥ずかしながら、当時、私はしょっちゅう泣いていた）、彼は私の気持ちなど気にもせず、ふつうに遊び続けていた。

ところが少し前のこと、テーブルを囲んで宿題をしている子どもたちのためにキッチンでおやつを用意しているとき、ふとその状況から最近亡くなった母のことを思い出した私は、声を殺して泣いた。

下の子どもたちは三人とも気づかなかった。ところが息子は顔を上げ「どうしたの、母さん？　大丈夫？」といい、こちらにやってきてハグしてくれた。私は文字通り泣き笑いした。どのようにかはわからないが、息子は教えることができないといわれたことを学んでいたのだ。きっとこれはいい兆候だ。

クレア・スコヴェル・ラゼブニックはロサンゼルス在住で『Things I Should Have Known』の著者である。このエッセイは二〇〇五年十月に掲載された。

夫婦の三番目の車輪

ハウィー・カーン

僕にとって大事な朝だ。我が家で朝食デート。料理は僕。あちこちのスーパーを巡り、すべて最上のものをそろえた。皮をすりおろすためのオレンジ、ロースト用の梨、バルサミコ酢、ぽろぽろとくずして使うゴートチーズ、そしてフレンチトーストの格を上げるオーガニックのメキシコ産バニラビーンズはさやから種をしごきだして使う。シナモンだって自分で粉末にする。特別な人がうちに来てくれるのだから、当然のおもてなしだ。

調理が終わると、テーブルセッティングをして（ケータリング業者さながらにナプキンを折った）、ガラスのボウルにピンクの牡丹の花を浮かべると、軽くシャワーを浴び、着古した黒いTシャツにダメージジーンズを穿いた。午前十一時——時間ぴったり——に呼び鈴が鳴った。

玄関に出ると、僕の「デートの相手」が立っていた。いかにも楽しみにしていたのがわかるにこやかな表情を浮かべた、そしてどうみても夫婦とわかるふたり。

この設定が変態じみて見えるのはわかっている。だが、ここには性的な力は働いていないことを報告しておきたい。フルーツをキャラメリゼすると3Pが始まるなんてことはない。ゲストのコーリーとジェイクは互いを裏切るようなことはしないし、僕としてもふたりの仲を壊すつもりはない。それどころか、ふたりの結婚が確固としたものだからこそ、僕はそこに依存できるのだ。ふたりにはずっと一緒にいてもらわないと困る。僕はふたりのいるところに行って、ふたりのしていることを一緒にしたいのだから。簡単にいうと、僕はこの夫婦の三番目の車輪なのだ。

ふたりとの関係において、僕は始めからこの役を割り当てられていた。僕が越してきたとき（大学院進学のためだ）、大学時代の友人コーリーは、すでにニューヨークに住んでいて、幸運なことに彼女のアパートの寝室がひとつ余っていた。僕はすぐにその部屋を借りることにし、ほどなくコーリーの新しい恋人、ジェイクに会った。

金融関係の仕事をしているジェイクは当時休職中で、僕は週に二コマしか授業がなかったから、かなり長い時間一緒に過ごした。だいたいにおいて、僕らは大小様々のボールを投げ合っていた。

ジェイクはコーリーにプロポーズする一ヵ月くらい前に僕の部屋——コーリーの部屋の隣——にやってきて、ラッカー塗りの小さな箱を差し出した。

「なあ」ジェイクは何気ない様子でいった。「これ、おまえが持っててくれない？」

僕は箱がなんだかわかると息をのんだ。目に涙が浮かぶ。

ジェイクは自慢げに、開けていいぞといったので、僕はそっと開いた。指輪がキラキラと輝いていた。完璧だ。驚くほど石が大きい。

「コーリーに見つからないようにしたいんだ」とジェイク。「だから、しばらく持っていてくれないかな」

「イエス」僕はささやくようにそう答えて、ダイヤの指輪を机の引き出しのなかの関数電卓の上にしまった。

そのあとしばらくして、ジェイクはコーリーをペンシルベニア州の農場に連れていき、プロポーズした。そして僕が答えたのと同じように、彼女もイエスと答えた。ふたりがドミニカ共和国でのハネムーンから帰ってくると、結婚生活が僕たち三人全員にしっくりくるということがはっきりした。ふたりはお互いの存在で満たされていたし、僕はふたりの存在によって満たされていた。

そのころには、二人は自分の家を構えていたが、その食卓にはいつでも僕のための食事と席が用意されていた（当時、僕はひとつの家具も持っていなかったし、食料品もほとんど買っていなかった）。コーリーは僕と本や映画の話をしたいといって呼んでくれた。ジェイクは自分の友達とバスケでピックアップゲームをするときに、僕を連れていった。コーリーと僕は映画館や美術館に一緒に行った。ジェイクと僕はレンジャース〔ニューヨークを本拠とするプロアイスホッケーチーム〕の試合に行ったり、野球のワールドシリーズを観たりした。コーリーは、僕がいつも「僕と地球上の全女性との間で広がり続ける隔たり」と呼んでいるものに関して忠告してくれた。ジェイクもその話には参加した。

いい関係が続いていた。この家庭的な日常のおかげで元気になれた。共に夕食をとりながら話しているうちに、夜が明けてしまうこともあった。コーリーはよく会話の途中で寝てしまった。すると僕は静かに家を出た。愛されて満ち足りた気持ちで。

そのうち、僕は女の子とデートをするのをすっかりやめてしまった。恋人を探すことに意味があるように思えなくなってしまったのだ。なにしろ僕はもうすでに、とても固い絆で結ばれた結婚生活の一部なのだから。

僕は昔から、こういう安定した関係が欲しかった。その関係を分かち合いたいと思っていた。だが、それは簡単なことではなかった。僕はプレイボーイには程遠いタイプで、デートに至るまでの儀式のようなものからずっと遠ざかっている。太りすぎの体をコルセットでぎゅうぎゅうに締めつけた叔母に電話番号を渡したのは、むろんカウントに入らない。

時代遅れな僕は、精神的な深い繋がりを感じられる一瞬を追い求めるほうが、煙草くさい髪の誰かと何時間か体を重ねるよりもずっと気が楽だ。それに、恋人を見つけるためにいろいろな人とデートをするのは僕には大変なことで、精神的にかなり弱ってしまったこともある。病院のお世話になるくらいに。

数年前の夏、僕は慢性的な腹痛に苦しんだ。当時、状況はかなり深刻だった。腹がごろごろ音をたて、今にも爆発しそうで、喉の奥のほうにゴボッと上がってくることもあった。これはまぶしいほど魅力的な、そして僕にはとうてい手の届かない、ある女性に対する僕の体の反応だった。僕は当時、彼女のために生き、彼女のために呼吸をしていた。

診察室で、医者は僕の腹を指でぐっと押したあと、胸に聴診器を当てて調べた。

「心臓の動きは問題なさそうですね」医者はいう。「かなりしっかりと鼓動しています」

僕は驚かなかった。女はまず、僕の胃腸を完全にボロボロにしてからでないと、心臓にダメージを与え始めないものなのだ。僕は医者にそう伝えた。医者はわかりますという顔でうなずいてから、腸の動きを抑える薬の処方箋を書いて診察室から僕を追い払った。

そのあと、僕はほかの女性とデートするようになった。ところがその結果、悲しいことに、新たに消化器系の問題ともいうべきものをいくつも抱えることになった。そのせいで僕はいつもデートに遅刻するか、おかしな様子で行くか、青ざめた顔で行くかのどれかだった。出かけようとすると胃がぐるぐるしだして、今にも胃からバターが固まりで飛びだしてきそうな気がした。何もせずに自然に治まるのを待っていると、少なくとも二十五分はかかる。抗不安薬のソラナックスを飲めば十五分。喉に指を突っ込めば五分。

　結局コーリーとジェイクが僕の万能薬だとわかった。愛に牙などないと思うためのほかの治療法（タムズ〔カルシウムが主成分の胃薬〕、心理療法、映画「恋人までの距離《ディスタンス》」のジュリー・デルピー）の効き目はほんの一瞬でしかないことを思うとはるかによく効いた。だから僕はふたりのそばにいた。必死にしがみついた。まるで生物学的な指令に従っているかのような気持ちだった。小さな生物が、かくまってもらったり栄養を分けてもらったりするために、大きな生物の皮膚にぴったり密着するという、あれだ。

　僕が参加するのはもはやお決まりのことになっていたし、いつでも歓迎されてはいたが、三人でやっていたことのなかには、おそらく夫婦水いらずにしてあげたほうがよかったものもあったのかもしれない。たとえば、照明を落としたバースデーディナー。コーリーはジェイクと僕に挟まれて、重婚者のように見えた。たとえばブロンクス動物園。三人でコーンのアイスを味見し合い、僕がどうしてもといって、ロープウェイに四回も乗った。ロープウェイから見下ろすと、坂になった草地で数匹のヒヒが跳ねていた。というか、三匹のヒヒが丘を転げ落ちている。だが下まで落ちると、二匹が手を取り合い丘の頂上目指して登り始め、残りの一匹は精いっぱい虚勢を張りながら去っていった。

　僕にシグナルを送ってくれたのは、サルだけじゃない。コーリーとジェイクも、今、僕に向けてメッセージを発信している。どういう言い方をしたのか、正確なことは覚えていない。ディナー中に、別の町に引っ越すといいだしたんだっけ？　雨が降り出したとき、街灯の下で急に告知したんだっけ？　カーネーションの花束と一緒にカードに書いて送ってきたんだっけ？　思い出せない。

　どうあれ、ふたりがニューヨークを出てポートランド（オレゴン州！　メイン州より遠い！）へ行くなんて、いくら説明されても、あまりのばかばかしさが潤滑剤のように働いて、片方の耳から入っても、もう片方からするりと出ていってしまう。三番目の車輪として基本的に受け身のままぬくぬくと守ってもらえていた期間が長かったせいで、ふたりの話が聞こえなかった。聞き取れなかった。僕にはもう、別れや恋愛の悩みに関わる言葉がわからなくなってしまっていたからだ。

　いなくなる？　引っ越す？　さよなら？　そんな言葉はややこしくてわからないし、遠くの世界の話のようだった。ウルドゥー語の表現集とか、ケリー・クラークソン〔オーディション番組「アメリカン・アイドル」でデビューした歌手で失恋ソングが多い〕の歌みたいだ。

コーリーとジェイクが引っ越した日の夜、僕は泣きすぎて、生まれて初めて過呼吸になった。見える範囲のところに紙袋がなかったので、馬にハミを噛ませるみたいに、洗濯前のハンドタオルを口に突っ込み、肺がからっぽになるかと思うくらいの息を吐き出した。

ようやく呼吸が落ち着いてきてタオルを口から出したとき（舌の上や歯の間に糸くずが残った）、僕はバスルームの床に座り、胸の前に膝を抱えて震えていた。声に出していう。「いったいどうしたんだ？　誰だってみんな、ずっと一緒にはいられないものなんだぞ。落ち着け」

だが、自分では落ち着くことができなかったので、父に電話した。「僕はいったいどうしたんだろう？」と僕は聞く。

「つらいな。安全ネットが足元から取り上げられるのは。苦しいな」父はいってくれた。

そのとき――時間は午前二時三十分――僕はメラトニン〔眠りを誘う作用のあるホルモン〕の錠剤を二粒舌の下に滑り込ませた。

父は少し黙ってから、また口を開いた。「しばらくひとりでいなさい。たぶん、おまえのためになるよ」

次に気づいたとき、太陽はすでに上がっていて、床置のエアコンを枕代わりにしていたせいで、凍えかけた顔に跡がついていた。

離婚なんてものをしたら、きっと自分は壊れてしまうだろうとずっと前から思っていた。頭がおかしくなり、髭《ひげ》は伸び放題、宗教に洗脳され、夢うつつをさまようようになるだろう。だが、僕自身が結婚の誓いを立てたことはない。だからそこまでひどい状況にはならないはずだ。それに、僕にはまだ抗う力が残っている。違うか？　僕もポートランドに引っ越すことだってできる。

本気で考えた。ニューヨークを出ること、食事にグラノーラを加えること。リサイクルを覚え、ゴアテックスを着込み、週末には亜高山帯のベリー畑を歩いて回る。オレゴンに行けば、デートフリー、リスクフリーの生活を守れる。

でも、それは哀れだし、臆病者のやることだ。動物園のヒヒだって、自分から歩き去った。進化論的に僕より下等な動物のはずなのに。

僕は、回復期というものに向き合い始めた。リルケとグレイグース〔フランス産の高級ウォッカ〕とハーゲンダッツのマンゴー味が、それぞれ重要な役を担った。だが、ＡＥＤの電気ショックのように真に僕を救った衝撃がある。今となっては僕の新たな癒しの元、つまり、マッチングサイト（コーリーのアイデア）だ。

現時点ではデートはしていない。だが、写真を投稿しただけで、知らない人たちからこれだけ注目を浴びるという衝撃は、僕の気持ちを驚くほど上向きにしてくれた。サイトで出会う女性のなかには、なにか素敵なものを僕に与えてくれる人もいるかもしれない。いつもみたいに潰瘍を抱えさせるなんてことじゃなく。急に芽生えたこの信仰のような思いは、結婚の喜びとは違うのかもしれないが、僕には前進に思えた。またゲームにもどる機会をもらったように思えた。

僕もまた誰かと繋がることができる。そう気づくと、自分にご褒美をあげてもいいような気になった。だからちょっと旅に出ようと思う。もちろん、行き先はポートランドだ。

ハウィー・カーンは「ウォール・ストリート・ジャーナルマガジン」の寄稿編集者、「ニューヨーク・タイムズ」のベストセラーリストに載った『Sneakers』の共著者、『Becoming a Private Investigator』の著者であり、世界二百カ国以上で聴かれている食と文化をトピックにしたポッドキャスト「Prince Street」のホストも務めている。このエッセイは二〇〇五年十月に掲載された。

おせっかいなジャーナリスト

デボラ・コパケン

ジャスティン・マクラウドへの私の最後の質問で、インタビューの緊張感は一気に緩んだ。

「あなたは本気で恋をしたことはある?」

ベビーフェイスのCEOは、新しいマッチングアプリ、ヒンジの創設者だ。私の質問はどう見ても無駄話だった。

ジャスティンは不意打ちにあったような顔をした。インタビューでそんな質問をしてきた人は初めてですよ、といいつつ、結局答えてくれた。「ええ、あります。でも、そのことに気づいたときには、手遅れでした」彼はそういってから、録音を止めてほしいといったので、私はレコーダーの停止ボタンを押した。

オフレコになると、ジャスティンはほっとした様子で打ち明けてくれた。相手の名前はケイト。ふたりは大学時代からの恋人だった。ジャスティンは何度も彼女を傷つけた（ここで彼は涙ぐんだ）。当時の自分は最低だったという。そのころ迷惑をかけた人々には償いをしてきた。もちろん、ケイトにも。でも彼女は今、外国に住んでいて、誰か別の人と婚約しているそうだ。

「あなたが今でも愛していることを、ケイトは知っているの？」私は聞いた。

「いいえ」ジャスティンは答える。「彼女は婚約して二年になるんです」

「二年も？」私は不思議に思った。「どうして？」

「知りませんよ」

そのとき私は、二十年間の結婚生活に終止符を打ってから一年が経とうとしていた。愛の本質について、そして愛がどれほど希少なものかということについて、よく考えているころだった。実際、ジャスティンにインタビューを申し込んだ理由は、彼の作ったアプリのおかげで、ひとめぼれしたアーティストと離婚後初のブラインドデートができたからだ。

そんなことは初めてだった。ひとめぼれなんて。ジャスティンのアプリをダウンロードして最初に私の携帯の画面に出てきたのも、そのアーティストだった。

カウントするのが好きな人はこの「初めて」を数えてみてほしい。初めてづくしだ。初めてのマッチングアプリ、画面に初めて出てきた人、初めてのブラインドデート、初めてのひとめぼれ。アプリのアルゴリズムには、理解すればするほど興味をひかれた。フェイスブックの共通の友達を媒介にして、どのようにしてこの出会いが導かれたのか。リビドーのイメージと花とを繋げることに関心がある彫刻家が私の心に刺さると推測された、そのメカニズム。

「彼女に伝えなくてはだめよ」私はジャスティンにいった。「よく聞いて」私は夫に出会う直前に愛していた男性の話を始めた。

彼は大学四年生で、留学してシェイクスピアを研究していた。私は二十二歳の戦争写真家で、パリを拠点として活動していた。出会ったのはカリブのビーチ。その後、私はアフガニスタン紛争の終焉を取材したあと、ショックをひきずったまま、彼に会いにロンドンに行った。

戦争の取材をしているとき、私は毎日彼を思った。洞窟で寝泊まりしているうちに、赤痢と、榴散弾《りゅうさんだん》のかけらを浴びてできた手の傷の感染症が悪化して、国境なき医師団によってヒンドゥークシュ山脈から運び出されるはめになったが、そのときの私を支えていたのは、彼への愛だった。

ところが、私がロンドンから帰った数週間後、彼は私との約束をすっぽかした。週末にパリの私のアパートを訪ねるといっていたのに、結局姿を現さなかった。というか、そう私は思っていた。

二十年後、実はその週末彼はパリに来ていたのに、私の住所と電話番号をメモした紙を失《な》くしてしまったせいで来られなかったのだと知った。私は電話帳に番号を載せていなかった。彼の家には留守電がなかった。共通の友人はいなかった。彼はホステルに泊まるしかなく、私は次に出会った男と結婚し、三人の子をもうけた。人生なんて、そんなものだ。

グーグルができたころ、彼のパソコンの画面に現れた最初の私の写真は、うちの子どもたちと一緒に写ったものだった。私の最初の著作である、戦争写真家としての日々を綴った回想録についての誰かの記事に添付されていた写真だ。その後、彼は次にデートした女性と結婚して三人の子をもうけた。人生なんて、そんなものだ。

私が彼を見つけたのは偶然だった。新作小説の取材で様々な劇団のリサーチをしているときに、ありがちな彼の名前の上に、彼の顔写真があったのだ。私はメールを送った。「あなたは、パリで私との約束をすっぽかしたあの方ですか？」

こうして私は、あの週末なにがあったのかを知り、手違いで会えなかっただけだったという衝撃を少しずつ受け入れていった。

数カ月後、彼は仕事でニューヨークにやってきた。私たちはうららかな春のセントラルパークのベンチでランチを共にした。私はとても混乱していて、レモネードを蹴飛ばして倒したり、エッグサラダサンドイッチを落としたりした。私たちが昔失った愛は、まだそこにあったのだ。

実際、この再会で気持ちの区切りができたことと、これまで日光も水も与えてこなかった愛情にまだ命があったとわかってしまったという精神的ショックは、私たちそれぞれの結婚に大きな影響を――別々の形で――与えた。彼のほうは、自分の結婚にもっと向き合う必要があることに気づいた。一方私は、できる限り栄養を与え、手をかけてきた私の結婚生活――二十三年間というもの、ずっと耕し続けてきた土壌――に、なにひとつ実りがないことに気づいたのだ。

その四年後、同じニューヨークの別のベンチに座り、ジャスティンのケイトへの愛の話を聞いた私は、すぐになんとかしなくてはいけないような気になった。「まだ彼女のことを愛していて、まだ彼女が結婚していないのなら、いわなくてはだめよ。今すぐ。二十年後のある日目覚めて、自分がなにもいわなかったことを後悔したくないでしょう? でもね、こういうのはメールやフェイスブックなんかでやってはだめ。あなた自身がちゃんと出向かないと。目の前でドアをぴしゃりと閉められてもいいというくらいの気持ちで」

ジャスティンは悲しげに笑った。「それはできませんよ。もう手遅れだ」

三カ月後、ジャスティンからメールでランチに誘われた。私が書いた彼と彼の会社に関する記事のおかげでアプリが注目されるようになったので、お礼がしたいという。私はその記事のなかで、彼の了承を得てケイト（記事のなかでは、彼の「ローズバッド」〔バラのつぼみ、または美少女という意味〕という名で呼んだ）のエピソードにも触れていた。

約束の日、レストランに着くと接客係に「ジャスティン・マクラウドさんの名前で、二名で予約していると思うんですが」と伝えた。

「いいえ、三名ですよ」ふいに後ろから彼の声がした。

「三人？　どなたがいらっしゃるの？」

「彼女です」ジャスティンはそういって、レストランの窓の前を走り過ぎた女性の影を指さした。ピンクのコート、背中にたなびくストロベリーブロンドの髪。

「もしかして――？　あの人がローズバッド？」

「そうです」

ケイトは勢いよく入ってくると、私をきつくハグした。近くで見ると、別のケイト――ヘップバーン――に似ていた。ケイト、すなわちキャサリン・ヘップバーンは、私がスタンリー・カヴェルの元で研究した再婚喜劇の作品によく出演していた。

その手の映画は、現在のロマンチック・コメディの先駆的なもので、一九三〇年代から四〇年代のアメリカで制作された。不倫や反道徳的なセックスを作品に描くことが許されなかった時代の検閲を通すため、プロットはどれも似たり寄ったりだった。夫婦が離婚し、別の人といちゃいちゃし、また元の人と再婚するというもの。込められた教訓は？　愛を見つめ直すためには、時にはいったん失う必要がある。そして、また花を咲かすために大事なのは、かつての青くさい状態にもどること。

「こうなったのはぜんぶ、あなたのおかげなんです」ケイトはそういって泣き出した。「ありがとうございます」

これを見て、ジャスティンも私も涙ぐみ、しまいには不思議に思った周りの客たちの視線が集まってしまった。

席についたあと、ふたりは自分たちの再会の物語を聞かせてくれた。片方の話をもう片方が補いながら話す様子は、まるで何年も前から結婚しているカップルのようだった。ある日、ジャスティンはケイトの友人とばったり出会ったあと、ケイトにメッセージを送信していつかに電話で話そうと約束した。そして予告なしに彼女に会うために飛行機を予約して大西洋を横断し、ホテルの部屋から電話をかけ、家に寄ってもいいかと聞いた。ケイトは一カ月後に結婚する予定だったが、電話の三日後、婚約者と一緒に住んでいたアパートの部屋を出た。

私は良心の呵責《かしゃく》を感じた。相手の人にかわいそうなことをしてしまった！

大丈夫です、とケイトはいった。婚約者との関係は何年も問題だらけだったらしい。なんとか結婚を延期するかやめるかしようとしていたものの、そうこうするうちに招待状は送られ、式場や料理のケータリングの予約が入り、どうしたらみんなをがっかりさせずに、このもやもやした気持ちを解決できるのだろうかと悩んでいたという。

ジャスティンが彼女の家に現れたのは、告白できるぎりぎり最後のチャンスだった。これを逃していたら、一生口をつぐむしかなかっただろう。私たちがランチを共にしたときには、ふたりはすでに一緒に暮らしていた。

ほどなくして、今度は私がふたりをディナーに招待した。ふたりの再会に関して半分は責任がある、つぼみに夢中のアーティストを紹介するためだ。彼と私は恋人としてはうまくいかなかった。それは私にとっては残念でつらいことではあったけれど、私たちは親しい友人として絆を取りもどし、さらに彼がささっといたずら書きしたものをテキストで送ってくれたことをきっかけに、作品のコラボレーションもするようになった。

実のところ、共著で本を出す契約書にサインしたばかりだった。『The ABCs of Adulthood』『The ABCs of Parenthood』そして、皮肉なことに『ABCs of Love』の三冊だ。

「いたずら書きって?」ケイトが聞いた。

私はスマホに保存してあったものを見せた。

「これ、卵巣ですか?」ケイトは微笑みながら聞いた。

「あるいは種。そうじゃなければ花のつぼみ。見方によって変わるのよ」私は答えた。

どれをとっても、愛が愛を生み出していくという解釈にぴたりとはまる。そしてまさにそのおかげで、私たちはあの晩同じテーブルを囲んでいたんじゃないだろうか? なぜなら、真実の愛は、いったん花が咲いたら消えることはないからだ。一枚のメモと共に失われるかもしれないし、アートや本や子どもへと、その姿を変えるかもしれない。自分の相手と繫がることはできずに、別のカップルの再会のきっかけになることもある。

でも愛はいつもある。日の光がいつか当たることを待ち続け、雪解けのあとに土から芽を出し、私たちの心に、そして大地に、その存在を誇示するのだ。


デボラ・コパケンは「ニューヨーク・タイムズ」のベストセラーリストに載った『Shutterbabe』『The Red Book』の著者であり、「The Atlantic」誌のコラムニスト、そしてダーレン・スターが手掛ける新作ドラマ「Emily in Paris」のスタッフ・ライターでもある。また回想録『Ladyparts』が二〇二一年にRandom Houseより出版される予定。デボラはブルックリンとロサンゼルスを行き来して生活している。このエッセイは二〇一五年十一月に掲載された。

恋は難しい

失恋男とフライドチキン

マーク・マクデヴィット

ネイトは僕の失恋バディだ。僕たちは、アイリッシュパブのスクラフィーマーフィーズで共通の友人にきっと気が合うよと紹介されて知り合った。友人の思惑通り、僕はすぐにネイトを気に入った。短く刈りこんだクルーカットで表情豊か。ひと世代昔の世界から連れてきたような男。五〇年代の戦争映画に端役で出てきて「軍曹殿！　こっちであります。やつは穴のなかにいます！」とか「撃たれた～！　血が、血が！」なんてセリフをいいそうだ。

その夏、僕らは夜な夜な連れ立って、お気に入りの地元バンドの演奏を聴きに出かけた。だが、共通の友人がフロリダからボストンに行ってしまったのとネイトに彼女ができたことで、僕らのほやほやの友情はいったん途切れてしまった。

当時僕にも恋人がいた。彼女とはつき合って二年以上経っていて、結婚の話も出始めていた。結婚は僕らにとって心ときめくものでもあり、心底恐ろしいものでもあった。三十代にさしかかっていたから、人生の次のステップとして、結婚は当然の流れに思えた。それなのに、どちらかというと唐突にすっかりだめになってしまったものだから、僕は腹を立て、うろたえた。

ネイトにばったり再会したのは、そんなころだった。はじめ、彼だとわからなかった。よく会っていたころと比べて十キロ近く増量し、むさくるしいあご髭を生やしていたのだ。かつての豊かな表情もキレのいいジョークも消えていた。虚ろなまなざしといかにも精神的に参っていそうな様子を見て、ネイトの恋もうまくいかなかったのだとわかった。出くわした場所が書店バーンズ&ノーブルの自己啓発書コーナーだったのも不思議はない。

前回と違って、僕たちの間には、即座に絶対的な絆が結ばれた。ぷかぷか浮かぶ黄色い救命ボートの上で、水難事故の生存者どうしが結ぶ絆と同タイプのものだと思っていい。僕はメンタルヘルスの模範になれるタイプではなかったが、少なくとも失恋に関してネイトよりも二カ月ほど先輩だった。別れてからほんの数週間しか経っていなかったネイトにとって、世界はまだ彼女との思い出を連想させる地雷があふれる苦しい場所だった。ふいにジャスミンの香りがしてきたり、罪のないラジオジングルが流れたりしただけで、けたたましく笑い出したり、なりふりかまわず泣き出したりすることがあった。

それから二カ月、僕らの友情は深まった。おすすめのチリコンカンのレシピや、パッツィ・クラインのレコードを交換した。『男は火星から』とか『女は鳥に』とか『同棲はもうやめよう』みたいな感じのタイトルの自己啓発書を山ほど貸し借りしては、人生の指標にした。僕はネイトに「三ばか大将」〔同名のコメディグループ主演のアメリカの短編映画シリーズ。テレビ放送で人気を博した〕のDVDコレクターズボックスをあげ、ネイトからはサボテンをもらった。

「このチクチクしたやつら、ほんとにタフなんだ」とネイトはいう。「おまえと俺みたいなもんだよ。俺たち、今は砂漠にいるかもしれないけどさ、乗り越えていこうな」

時間の経過とともに、僕らの怒りと絶望は困惑へと変わっていった。いったいなんだったんだ。どこで間違った？

連邦航空局の調査チームさながらに、僕らは手がかりを求めてそれぞれの墜落現場をつぶさに調べ、細かな事柄や時系列について執拗なほど検証した。しかしネイトの空中爆発の原因も、僕の恋が翼をもぎとられたジャンボジェットのようにエバーグレーズ〔フロリダ州南部の湿地〕に胴体着陸させられた理由も、謎のままだった。

答えを求めて無駄な労力を使うといっそう憂鬱になったが、憂鬱というもののすごいところは、それが万人に向けたワンサイズ的なものではなく、人それぞれの人格に合わせたテーラーメイド的なものだということだ。僕の憂鬱は不眠症、優先順位の歪み、無関心という形を取った。

食、仕事、メールのやりとり、まさかの「三ばか大将」まで――どれもどうでもよくなった。全体像がぼやけ、些細なことの比重がとてつもなく大きくなる。なぜだか急にCDを並べ替えたくなり、アルファベット順だったものを新しいものから年代順に並べたあとで、またアルファベット順にもどした。どうしてもやらずにはいられなかった。

唯一本当に慰めになったのは、ポップミュージックだった。レナード・コーエン、エルヴィス・コステロ、ザ・スミス。不幸と苦悩の終わりのないサイクルが原料になり、自己憐憫が作りだされていく。ポップスには、憂鬱と希望を同時に作りだせる驚くべき力がある。曲に感情移入して憂鬱になり、自分よりももっとみじめな気持ちの誰かがいるとわかって希望が湧く。

僕にとって、その誰かはネイトだった。当時、僕の生活の唯一の輝きは、失恋バディに会い、彼が僕よりももっと憂鬱なのだと思って、ほんの少しだけいい気分になることだった。ネイトはよく、チキンドラムスティックのファミリーバーレルを抱えて僕のアパートにやってきた。僕はすっかり食に興味を失っていたが、ネイトは正反対で、食べられるものならなんでもかんでも飲み込んだ。それなのに、当の本人は自分が太った理由がわからないのだ。

「不思議だよな」ネイトは三つ目のチーズバーガーにかぶりつきながらいった。「いったい、どうしてこうなるんだって話だよ。三十歳になったとたんにバーン！　いきなりカボチャ体型」

　少し運動してみてはどうかと僕は提案した。ネイトのアパートのそばにテニスコートがあったので、僕たちは、週一、二度テニスをするようになった。ふたりともうまくはなかったが、ハーハー息をあげてたくさん汗をかいたのは、精神的にいい効果があった。

　僕の肩の古傷が痛みだして、ふたりのテニスは終わってしまった。それから二週間ほどネイトから連絡がなかったが、ほかにテニスの相手を見つけたか、仕事が忙しくなったかしたのだろうと思っていた。だが電話をしても出ないし、メールも返してこないので、ネイトのアパートまで車で様子を見にいくことにした。アパートの外にネイトの車はあったが、部屋のブラインドは閉じていた。たっぷり十五分ほどドアを叩いたあと、ようやくネイトがドアから顔を出した。まるで千年の眠りから覚めた巨大古代生物のマストドン。どんよりとしたまなざし、青みを帯びたオレンジとでもいうような肌の色。ネイトの状況が悪化していることは一目瞭然だった。

　暗い部屋に通されて、ネイトがテニス仲間を見つけたわけではないのがわかった。そうではなくて、ジョゼフ・コンラッドの領域へと踏み込んでいた。コンゴ川を遡《さかのぼ》り「闇の奥〔コンラッドの代表作のタイトル〕」へと向かっていたのだ。

エアコンの効いていない室内の温度は、三十二度の外気よりも五度は高かった。ポタポタと垂れる汗、洗濯していない服、そして腐りかけの食べ物のにおいが重く垂れこめている。チキンの骨がキッチンの床に落ちていたが、ピラニアにやられたかのように、きれいに肉がなくなっている。

窓を開けようと部屋をつっきるときに、床じゅうに野菜の皮が散らばっていることに気づいた。そのすぐあと、キッチンから、ネイトがニンジンの皮をピーラーで機械的にむきながら現れた。むき終えるとポリポリとニンジンを食べ、また別のニンジンをむき始める。

「なんでニンジン?」僕は聞いた。

「いや、べつに。煙草をやめただけだよ」

「煙草をやめてニンジンにしたのか?」

「手持ちぶさただったから」

僕はゴミ袋三袋をチキンの骨と宅配ピザの箱でいっぱいにしてゴミ置き場に捨ててきた。

リビングの中央、テレビの真ん前に鎮座するのは、新品のベンチプレスと巨大なバーベル。不動産で楽に億万長者になるための十のステップを謳うてかてかのパンフレットや鮮やかな色のクリアフォルダーが、床に散っていた。何日も眠らず、シャワーも浴びず、ウエイトリフティングをするか、夜中の通販番組を観るか、フライドチキンを食べるかを繰り返していた男の姿がしだいに浮き上がってきた。

これはまずいと思ったし、一刻も早く部屋を出たかったので、映画を観に行こうと誘った。ネイトもその気になったので、道中ニンジン二袋を買ってから、映画館に乗り込んだ。

その夏の話題の映画は「キャスト・アウェイ」。トム・ハンクス演じる主役のチャック・ノーランドは有能な男だが、乗っていた飛行機が太平洋に墜落したあと無人島に流れ着く。救出される望みがなくなったあと、チャックは生き残るための、そしてさらに大事な正気を失わないための、長い戦いを開始するのだ。そのストーリーには、ネイトと僕に直に訴えかけるものがあった。

「キャスト・アウェイ」はコメディとして作られた作品ではないとは思うが、僕たちは生きてきてこれほど笑ったことはないというほど笑った。スクリーンのなかに自分たちを観ているようだったのだ。笑うポイントでないところで笑うたびに、周囲の観客は僕たちをとがめるようににらんだ。チャックがスケート靴のブレードを使って無理やり虫歯を引き抜いたときには、大笑いした。自分の首を吊るための木を選ぶシーンで周りがすすり泣いているときには、腹を抱えた。

孤独に耐えきれず、チャックはバレーボールとの友情を深めていく。ボールに顔を描き、名前までつけた。ウィルソンだ。そして、なによりこのウィルソンが、チャックの正気を保ってくれた。チャックが島という刑務所から脱出するための最後の賭けに出られたのは、ウィルソンのおかげだった。

僕はネイトと僕が一緒にいるようになった偶然の巡り合わせについて考えた。あいつは僕という友達がいてラッキーだったな、と胸の内で考える。だがネイトのことを気にかけてきた自分が慈愛のある広い心の持ち主のように思える一方で、実はネイトのためだけにやっていたわけではなかったこともわかっていた。

実は僕にとって、ネイトは自分の回復の進度を測る物差しだった。ネイトのおかげで自分はまだましだと気分が良くなったし、正気を保つことができていた。そう、ネイトは僕のウィルソンだった。僕の隣に座ってニンジンをポリポリ食べている、この太りすぎで、やや頭が混乱した男は、僕の救命ボートだったのだ。

映画が終わると、僕たちは土曜の夜のデートを楽しむたくさんのカップルにもまれながら外に出た。短パンTシャツ姿のハンサムな男と元気いっぱいの女の子たち。彼らは声を上げて笑ったり微笑んだりしながら、外の世界へと散っていった。待ち受ける危険に自ら飛びこんでいこうとしていることに気づきもせずに。

一年後も幸せそうに微笑んでいるだろうか。僕たちがすでに知っているように、愛とは大きな不幸を招くリスクを秘めているものだと知ることになっても？　彼らは観終わった映画のことなど、シートの下に置き去りにした大きすぎるポップコーンのカップのように忘れてしまっただろう。だが僕たちは、まるでいつまでも白昼夢を見ているかのように、駐車場に着いても、車に乗ってそこから出ても、あの映画につきまとわれていた。

アイスクリームを買ってから、ネイトと僕は屋外に座り、雲ひとつない夜空を見上げた。お互い一緒にいる相手がいて嬉しいと思いつつ、密かに、どこか別のところで誰か別の人といられたらいいのにと思っていた。それがどれだけ美しい時間だったかということに、僕は気づいてもいなかった。

六カ月後、僕はニューヨークに引っ越すことで、ようやく僕の無人島から抜け出した。それから疎遠になってしまったが、ネイトのことはよく考える。そんなとき思い出すのは、こっぴどい失恋の悲しい気持ちではなく、失恋後にネイトと笑いながら仲良く過ごした日々のことだ。

そんなの嘘だって？　チャック・ノーランドに聞いてみるといい。彼もきっと、ウィルソンとの思い出を同じように大事にしているはずだ。

マーク・マクデヴィットは作家であり脚本家。ニュージャージー州に家族とともに暮らしている。このエッセイは二〇〇五年六月に掲載された。

既読スルー

レイチェル・フィールズ

午前六時三十分。私はドライヤーで髪を乾かして仕事に出かける準備をしつつ、二週間の「おつき合い」の死亡宣告を受け入れようとしていた。死を決定的にしたのは、前の晩の十時、私がやや性的含みのあるテキストメッセージを送ったのに、彼が返信しなかったことだ。

その朝、ほんの短い時間のうちに、私の心は、「否認」「怒り」「取り引き」「抑鬱」「受容」という、恋の死を受容するまでの五段階の激動の旅路をたどったのだ。

第一段階＝否認。彼があのメッセージをまだ見ていないという可能性は十分にある。ぐっすり寝ていたのかもしれない。トイレに携帯を落としたのかもしれない。実は死んじゃってたりして！　どの可能性も慰めにはなる。

だいたい、彼はまめにメッセージを送るタイプではない。だから、返信がないからといって、必ずしも私のメッセージが変だったということにはならない。メッセージのやり取りにまめでないタイプにしてみれば、メッセージを読んで返信しないのも、特に珍しいことではないのだろう。このタイプはメッセージを読んで心を動かされても（動かされなくても）、返信の必要があるとは思わない。よくあることだ。

そもそも私のメッセージはそんなに変だったの？　もしもデート中、公園の人気《ひとけ》のない場所にあるベンチでやや肉体的接触を伴う感じでイチャイチャしたら、それから数日後にやや性的含みのあるメッセージを出すのは自然の流れでは？

私は自分がどんなメッセージを送ったのか確かめた。これだ、これ。午後十時二分。「あのベンチタイム（発酵中のパン生地が熟成を待つ、あの時間よ）のことばかり考えてしまいます」

そう、少しばかりわかりにくいかもしれない。三杯目のワインを飲みながらメッセージを打っていたときは、控えめな表現を使っていい感じに色っぽく書いたつもりでいたが、読み返すとなんのことやら。これではあのとき、私が楽しんでいたかどうかさえはっきりしない。私が精神的ショックを受けたととられている可能性はあるだろうか？　彼を責めているように読める？

いやいや、それはない。彼はきっと私のメッセージを読んでにやりとして、この手のやや性的含みのあるメッセージを読んだらふつう感じる程度の興奮を覚えてから眠りに落ち、私の夢を見たはずだ。

それでもやはり、つき合い始めて二週間の女性がメッセージを送ってきたのに返信もしないなんて、ちょっと失礼じゃないだろうか？　ニコニコマークの絵文字か、三文字メッセージをさくっと送るのが、そんなに難しい？　べつにお返しに性的なことをほのめかす必要はなくて（とはいえ、その手の返信は大歓迎だけれど）、ただ「いいね」とだけ打てばいい。（いや、今のはナシ。「いいね」はもっといやだ。「いいね」なんて返信されてたら、海に身投げしてた。）

彼が非メッセージ派だったとしても、私としてはかまわない――でも、それって、現代を生きる彼くらいの年の男としてどうなんだろう？　都会で働く二十代の男がメッセージを使いこなせなければ、友達もできないのでは？　二〇一五年現在、友人関係を存続させるには、金曜の午後二時十五分に「牡蠣ってほんと、おいしいよね！」とメッセージを送ったら、ふつう二時三十分までには返信があるよね、という共通認識が必要だ。

もちろん、「牡蠣ってほんと、おいしいよね！」に金曜の午後中に返信しなくても、どうなるってわけでもない。でも、今回は、初めての肉体的接触のあとの、初めてのイチャイチャメッセージなのだ。これに返信しないということは、彼は全世界に向けて「おまえのイチャイチャは度が過ぎてて、引くんだよ。こっちはおまえになんかちっともぐっときてないのにさ」と発信しているようなものだ。

でも正直いうと、もし気を悪くしたのなら、もう彼とは会いたくない。シャツのボタンを外す系会合のあとで、女からやや（ほんとにやや！）性的含みのあるメッセージが来たからといって気を悪くされたら、たまったもんじゃない。

いやひょっとしたら、これから五分間携帯を見なければ、返信がくるかもしれない。そうだ、それが正解。私は、冷静で自信に満ち、独立心のある女性らしく、髪をブローする。考えるのは仕事のこと、友人のこと、それから、アポイント入れようかとか……で、マジまだ返信ないの？

私は携帯の画面を伏せ、通知音をオフにした。さあこれで、彼がメッセージを送ってきても私にはわからない。私は自分の生活を始められる。私は独身で能力があって可能性に満ち満ちているのだから。

ダメ。それじゃダメだ。通知音をオフにして画面を伏せていたら、彼が本当にメッセージを送ってきたときに気づけない。いちばんの解決策は、画面を上にして通知音はオフ。彼がメッセージを送ってくれれば画面が明るくなるからわかるうえ、いやな通知音を聞かなくてすむ。あの音は神経に触る。ブロー中だからどうせ聞こえないけど。

二分が過ぎたが、メッセージは来ない。

私は自分の人生について考え始めた。そしてそれがほかの人の目にはどう映っているのかについて。一昨日の晩、彼と私はシカゴ植物園で、巷《ちまた》で話題の死体花〔ショクダイオオコンニャク。数年に一度しか開花しない巨大な植物で花から強烈な悪臭を放つ〕をじっと見ていた。その晩咲くという話だったのに、咲かなかった。

「この花、作り物みたいだな」と彼が言う。「先史時代のジャングルを舞台にした一九三〇年代の映画に出てくる植物みたいだ。これが本物だって、どうすればわかる?」

私は笑った。

「きっと入場者を増やすための策略なのよ。プラスチック製なの。でも、誰も気づかない」

室内は静まりかえり、夕闇が迫っていた。激しい雨のせいで客もまばらだ。私のなかに幸福感がじわじわと湧き上がっていた。暗がりで百八十センチの高さの植物の前に立ち、必要もないのに、なぜかささやき声で話しているという静かな喜び。

「今この瞬間に咲いたらどうする?」私はいった。「咲いたとき、見ているのが私たちだけだったら?」考えただけでゾクゾクした。壁の外は土砂降り。私たちだけのために死体花が咲いてくれたら。これ以上の望みはなかった。

そこまで考えたとき、入口にいた守衛さんが私の妄想の邪魔をした。守衛さんは部屋のなかをのぞきこみ、私たちに気づくとにらんだ。

「閉館時間です」大きな声でいう。「一晩閉じこめられますよ」

「すみません」私は謝って、彼と一緒に守衛さんのあとについていった。私たちは笑い声を抑えるのに必死だった。

そう。うまくいったと思った。電車のホームで別れたとき、彼とはまたデートすることになると確信していた。もちろん、そんなに自信を持つのはまだ早いと思う。それでも、一緒にいた四時間の幸せオーラに包まれた私は、何カ月か先、彼と私が手をつないでシカゴの街並みを歩く姿を思い描いていた。私のことを本気で好きになっている彼を想像してしまったのだ。

けれどアパートの部屋を見渡しながら——タオルはまだベッドの上、部屋のすみには大学時代から使っているウォルマートのランプ——私は考え直し始めた。私は面倒くさがり屋で、怠け者で、人を見て態度を変える。ところが世の中には、ベッドに清潔な真っ白のシーツをしき、きれいな色のついた小石がたくさん入ったボウルなんかを部屋に飾っている女もいる。蘭《らん》を育てている女もいる。ヨガが趣味の女もいる。

そんなの嘘っぱちよと自分に言い聞かせる。誰にだって欠点はある。でも、ほかの女たちには、私ほどひどい欠点はないのではないかと思う。

以前、友だち何人かに自分の欠点はなんだと思うかと聞いた。するとみんな、欠点とはいえないようなことを挙げてきた。イライラすることがあるとか、働きすぎるとか。たいてい私が「そんなの、たいした欠点じゃないわよ」と相手に食ってかかってこの話は終わった。私が聞きたいことを話してくれた人はいない。たとえば、自分は感じのいい人間を装っているだけなのかもしれないとか。責任感がなさすぎて将来母親になれる気がしないとか。人に気にかけてほしくてたまらないけれど、人を気にかけるのは難しいと告白する人もいなかった。自分が時にどれほど残酷な人間になるかと語る人もいなかった。

こういう欠点を、彼は私のなかに見たのだ。

ドライヤーの位置を頭の逆側に変えて、私は何回か深呼吸をした。彼が私の欠点を見ぬき、そのせいでメッセージを送ってこないとしたら？　私の本性に気づいたから、私を好きになれなかったのだとしたら？　その問いの答え（彼が私を好きでないのなら、誰も私を好きにならないし、私は誰からも好かれない）はすぐに思いついたけれど、さらに考えを掘り下げた。

もしも彼が私を好きではないから返信しないのだとしたら、それってそんなに悪いこと？　誰かとつき合うとき、取り繕った自分で相手をだますのはよくない。そんなことをしても、本来の自分があとになって飛び出てくるだけだ。

たぶん彼は私の本性に気づき、自分には合わないと判断したのだ。私には合わないことが多い。ランニング、アクション映画、犬を飼うこと。どれも私が好きになれないものだけれど、悪いことではない。

それに、もし彼が私を好きでないなら、こっちだって一緒にいたくはない。私は私のことを最高だと思ってくれる人とつき合いたい。面倒くさがり屋。たぶん。タオルをベッドの上に置いたままにしがち。はい。お金にだらしない。その通り。でも最高。

たぶん彼は、疑いの種のようなものを抱えていて、多くの人が数年かかってわかることに気づいてしまったのだ。つまり、その疑いの種からニョキニョキのびてきた蔓《つる》が、そのうち体をしばりつけ、ついには心を締めつけてしまうということを。そして五年後、ふたり向かい合った夕食中、考えられることといえば「これは間違ってる」ということだけ。でも、そのときにはもう遅い。

それなら今のうちに受け入れて、すんなり身を引いたほうがいい。ずるずると関係を続けて、怒りと失望の年月を費やすなんてはめにお互い陥らずにすむ。

彼は返信しないことで、私が残りの人生を無駄にせずにすむというプレゼントをくれたのだ。

私はドライヤーを置いて時間を確かめた。七時十五分。外では木々の葉がそよ風に揺られていて、車の行き来が増えてきた。

まだまだ人生は長い。ぴったりでない相手と過ごすのはもったいない。
そのとき、彼からのメッセージが来た。

レイチェル・フィールズは、ウィスコンシン州マディソンに住む作家でありマーケター。このエッセイは二〇一五年十一月に掲載された。

大胆で勇敢な女

ミンディ・ハン

私は善良で堅実な女だ。野菜はきちんと食べる。夜ふかしはしない。実のところ、三十一歳の私は、単に善良というよりは心配性で神経質だ。そんな自分がいやだ。

勇敢な自分に変身するための試みとして、最近私はマッチングサイトでトムとコンタクトを取った。なにかを変えなくてはいけなかった。私が変わらなくてはいけなかった。予定のない夜にはバーより本屋に行きたくなる。歩くときは前傾姿勢で視線を落とす。断っておくが、世捨て人なんかではぜんぜんない。友達はたくさんいるし、ヨーロッパへ何度も一人旅をしたし（もちろんみっちり計画を練って）、週末はブランチや観劇の予定でいっぱいだ。けれど、恋愛面はどうかといえば、大した話があったためしはなく、たいていの場合、私が慎重で臆病なせいで、始まることなく終わっていた。

友達に勧められてマッチングサイトを試してみた。最初はどうかと思っていたが、すぐに私にとって理想的な手段だと気づいた。これなら私もたやすく外交的になれるのだ。私は突如として人気者になった。どうやら私は、ハワイからバージニアまで、どこに住む男からも好まれるらしい。ミュージシャン、マラソン走者、軍人、ブローカー、「Rolix」（！）の腕時計を五本持っているという男性、ハリウッドの歯科医にほかにもまだまだ。こういう男たちがこぞってメッセージを送りつけ、私に興味があるといってきた。興味を持たれたおかげで、私は勇気が出た。虚勢を張れるようになっただけかもしれないが。男たちはうじうじしていてはっきり話すこともできない私を知らない。みんな私のことを刺激的な女だと思っている。いや、実は本当にそうなのかも。

トムのプロフィールの始まり方はいたって当たり前だ。好きなものはオーストラリア、清潔なシーツ、オレンジジュース。ところが途中の、パラグラフを丸々ひとつ消してしまったという告白を読んで、私は惹きつけられた。そのパラグラフが、自分が時々、人の留守電に残してしまう、要領を得ないちぐはぐなメッセージのように思えたからだという。

苦笑いを浮かべた誰かがきまり悪そうに打ち明けている姿が目に浮かんだ。彼の気持ちは本当によくわかった。そしてなにより、それにどう反応すればよいのかわかった。

「チャーミングな自虐ネタがお得意のようですね」と私は初めてのメッセージに書いた。

「直接会うと顔が赤くなって言葉がつっかえてしまうタイプかしら?」私は聞かれてもいないのに電話番号を教えた。

数日後、彼が電話してきた。気軽なやりとりをするうちに、自分でも驚いたことに彼をデートに誘っていた。私が日程(土曜日の午後三時)を決め、場所(東九丁目のティールーム「茶菴《ちやあん》」)を決めた。電車の乗り換えや最寄り駅からの行き方案内を送り、雨天の場合の待ち合わせ場所まで指示した。平然と主導権を握れるタイプを装った。いつも自分から男をデートに誘っているかのようなふりをした。

デート当日、私はシルクのスカートに胸元のあいたシャツを着て、バックパックを持って出かけた。その夜遅く、コネチカットに行くことにしていたからだ。日曜日にカヤックに乗る予定がある。自分でも大胆で勇敢な女に思えた。

茶菴の前でトムが待っているのが見えた。長いまつげと穏やかな笑みが写真のままだ。しかし会ってみると、実際のトムはこちらが不安になるくらい物怖《ものお》じしなかった。想像していたような、言葉をつまらせたり顔を赤らめたりするタイプではない。しかも明らかに大胆なところもある。かつて、プロのギャンブラーになるために仕事を辞めたことがあるらしい。カヤックに乗る計画を話すと、転覆したときに服を浮き輪代わりにする方法を教えてくれた。

彼と会っていた三時間ずっと、私は自信に満ちていて活動的で、神経質なところのまるでない様子を貫いた。仮面がはがれたのは一度だけ。トムがいきなり足を止めて、「くっきりしたえくぼがふたつできるんだね」といったときだ。それから少しして、トムはこういった。

「赤くなった」

私はなんとか自分を取りもどして、デートの残りを持ちこたえた。だがダメージを受けたことは確かで、私の冷静さ――というか冷静なふり――は長くは続かなかった。クールで大胆で、なんでもどんとこい的な態度を続けるどころか、ふたりの未来を妄想するフェイズに突入してしまったのだ。公園でフリスビーを投げ合い、チョコをかけたカップケーキを分け合い、ハドソン川沿いを一緒にランニングするトムと私。トムの背中をポンと叩き、クスクス笑いながら走っていく私。

二度目のデートまでには、無頓着な冒険家のふりをやめることに決めていた。とてつもなく軽い女になろう。まつげをぱちぱちさせ、彼の手首を撫でて、色仕掛けで攻めよう。

カレーヒル〔マンハッタンのインド料理店が密集する地域〕でインド料理を食べることが決まっていた。私はチョコレート菓子のエアロをふたつ持っていった。彼がイギリスのチョコレートが好きだといっていたからだ。チョコを出すと、彼は目を輝かせていった。「君って、僕にとって最高の人かも」その言葉に信憑《しんぴょう》性はなかった。なにしろそれから彼は、ニコール・キッドマンや昔好きだった金髪の女性たちについて話し始めたからだ。私は甘い声を出したり、明らかに金髪でない頭をこくこく揺らして頷いたりすることに必死だった。

この作戦に固執するあまり、自分がばかげたことをしているのに気づかなかった。ちゃんと頭を使って考えていたら、前兆に気づいていたはずだ。彼が元カノたちのこと、マッチングサイトで出会うとんでもない女たちのことを話題にしていることに……。トムはこんな私に興味がない――「ない」は言い過ぎでも、そんなにない。

ディナーのあと、私は彼を部屋に誘い、紅茶を淹《い》れた。彼はソファに座って伸びをすると、コーヒーテーブルの上に足を乗せた。私は待ってましたとばかりにぴたりと近寄った。すると彼は離れた。

緊張するんだ、と彼はいう。女の人のすることって予想がつかないから。彼は正直でいたいらしい。「君のことは魅力的だとは思うけど、この先長く続くようには思えないんだ」彼はそういってから私のことを横目でちらりと見た。「遊びってことならかまわないけど」

私は頭が真っ白になった。大胆バージョンの私なら、そんなことを短時間に判断する権利はあんたにないといってやったはずだ。でも結局のところ、私は果敢に戦うタイプではぜんぜんない。

そのかわりに、私はソファに沈み込んだ。このままでは終われない。その晩はひとつのゴールを目指して、好き好きビームを出し続ける愛想のいいおバカをずっと演じてきたのだ。

今さら別の仮面をかぶることなんてできない。

トムは少し悲しそうに見えたが、それでも私を寝室まで連れていってベッドに寝かせ、私の体に腕を回した。「自分が悪党に思えるよ」私のお腹に直に触れながらいう。「僕たち、ただの友達になれるよね。こんなこと、全然しなくたっていいんだ」

私は目をぱちくりさせて片ひじを支えに体を起こした。「だめよ。私はセックスしたいわ」私ははっきりといった。「でも、私たちが友達になれるとは思わない。セックスが邪魔になっちゃうもの」

間があいた。どうやらなかなか独創的な意見をいってしまったようだ。しかも常軌を逸した意見。トムは笑った。その晩初めて、トムは感心したように私を見た。「そのセリフ、いつもは僕がいうんだよ」

形勢が逆転した。大胆な一手を打ったことで、私は自尊心を取りもどし、自分の脳をコントロールできるようになった——というか、そんなふうに私は思った。ふたりで少し話し合ったあと、私はもう少し考えたほうがいいという話になった。私は地下鉄の駅までトムを送っていった。別れ際、私がまた電話するねというと、トムはうれしいよ、といって私のおでこにキスをした。

翌朝、起きてすぐ六キロほど走った。それからベッドにもどって胎児のように体を丸めて転がった。

安全なベッドのなかにいると、まだ冒険心あふれる私になれると自分に言い聞かせることができた。長いまつげの下から私を見つめるトムの目を思い出す。考えれば考えるほど、「遊び」というのも悪くないと思えてきた。私には健康な性欲があり、避妊用のピルも一年分あり、替えのシーツも何枚かある。トムの私への興味が長く関係を続けたいと思うほどではなかったという失望を乗り越えて割り切ることができれば、楽しめるかもしれない。あきらめの悪いつまらない女丸出しで、ベッドのなかで一日中彼を思ってうじうじしていたなんてことは忘れてしまおう。

私は思い切ってメールを出してやった。


よく考えてみました。遊びで大丈夫です。友達うんぬんは、今はちょっと答えが出ないけど。現段階で、あなたのことをとても好きなのかよくわかりません。それに、こういう友達関係は、概念としては基本わかるんだけど、現実的にどう展開するのか想像できません。ふたりでなにするの？　公園でキャッチボール？　一緒にネイルサロン？　それはおいといて、水曜日の七時から、ユニオンスクエアのバーンズ＆ノーブルでバーバラ・エーレンライクの朗読会があります。一緒に行く？

私は書いたものを読み返した。なかなか冷静に書けている。いくらか怒りも読み取れる。もちろんそうだけど、それでも客観的で率直でウィットに富んで知的な私が感じられる。

当然、こんなメールは相手をただ混乱させるだけだった。

「君のメッセージを読んで混乱しています」とトムは返信してきた。「僕のことをあまり好きじゃないのなら、どうしてまだ会いたいと思うのかな？　僕としては、あまり好かれていないっていうのは、あまり好きじゃないな！」

しかたない、認めよう。目指していた、冒険心が強くてトラブルどんとこいの女とは思われていないらしい。たぶん、辛辣で怖い変人に思われてしまったのだ。

軌道修正できるはず。私は両手をこすり合わせながら考えた。とはいえ、なにを修正したいのかわからなかった。遊び相手になるかもって話？　友達になれるかもって話？

私はメールを打ち始めた。あなたに惹かれているけれど、好きになれそうにないと説明する。傷つかないためには冷たくしなくてはいけない。きっと彼はわかってくれる。「この実験的なつき合いがどう発展するのか見てみたいの」と私はメールの最後に書いた。「それで、あなたはどう思う？」

もう一度文面を読み返す。正直で傷つきやすくて、現実的。かつスペルミスもなさそうだ。

私は送信ボタンを押した。

今度はほんの二時間でわかった。またもやクレイジーなメッセージを送ってしまったのだ。私は愛という大海を渡る大胆な冒険者ではない。これまでと同じ、臆病な女。ただ、今回は失恋しないように、ちょっと頑張ってみただけだ。

トムが返信することはなかった。

友達のドワイトは、クレイジーなのは、対立するふたつのはっきりとした見通しがぶつかったのだから当然だという。トムの「遊び」プランに対するところの私のいかにも恋愛初心者らしい将来の希望だ。ドワイトは既婚者なので、客観的に見られる。彼がいうに、私がはちゃめちゃな返信をしてしまったのは、アンフェアな提案に対する当たり前の反応だ。

私にはよくわからない。私の期待――誰かとつき合うことに対してとか、私自身に対しての――は、トムの期待と同じくらい理不尽なものだったのかもしれない。一回のデートと一回の電話で、私はこの先ずっとこんな夏がくるのだと、ある情景を思い描いてしまったのだから。緑の芝生、カップケーキ、トムの横で一緒に走る、陽気でにこやかな私。この夢の情景のなかでトムの存在より現実味のないものがあるとすれば、それは彼の隣で飛び跳ねている、色っぽくてお気楽な私だ。

ミンディ・ハンはニューヨークシティ在住で、ルビー・ラングというペンネームで恋愛小説を書いている。最新作は『Playing House』。このエッセイは二〇〇五年十一月に掲載された。

ねえ、それは君のセリフじゃないよ

マテソン・ペリー

窓からの月明かりに照らされて、彼女の左半身を覆う不死鳥のタトゥーが輝いていた。僕は、彼女の脇の下の少し下からあばらのデコボコの上を通って腰骨まで、タトゥーの上を指でなぞる。こんなタトゥーは映画でしか見たことがない。生身の人間の上に描かれているのを、しかも至近距離で、しかも僕のベッドで見るなんて経験は初めてだった。

僕は僕のマニック・ピクシー・ドリーム・ガールを見つけたのだ。

ネイサン・ラビンがエンターテインメント系のオンライン新聞「A・V・クラブ」で映画評論をしていたとき、キャメロン・クロウ監督の「エリザベスタウン」に出てくる恋の相手を表現するために「マニック・ピクシー・ドリーム・ガール」という言葉を考案した〔manicは「躁状態」、pixieは「妖精」を意味する〕。とはいえ同じタイプのキャラクターは、その作品の前にもあとにも多くの映画に出てくる（たぶん「終わりで始まりの4日間」のナタリー・ポートマンが典型的な例だ）。

マニック・ピクシー・ドリーム・ガールは今ではインディーズ・ムービーに出てきがちなステレオタイプで、人間というよりは、エキセントリックな言動の集積。主人公の男性の理想の恋人となる存在だ。そうした風変わりな（しかし美しい）女たちは、内気で陰気な芸術家タイプの男たちの良さをわかってくれて、彼らにセックスと愛と雨に濡れながらのあれやこれやを通して、もう一度人生を楽しむことを教えてくれる。

マニック・ピクシー・ドリーム・ガールは、たいていは元気だけれど、悩みを抱えてもいる。ただ奔放なのかイカれているのか、ミステリアスなのか変わっているだけなのか、セクシーなのかふしだらなのか、微妙なグレーゾーンにいる彼女は、不完全さの塩梅《あんばい》が完璧だ。そしてその不完全さが重要なカギだ。というのも、マニック・ピクシー・ドリーム・ガールはなにかに失敗して助けを必要としなくてはならない。おかげで中盤以降、非力な男がすばらしく英雄的な行動に出られるのだ。

僕が僕のマニック・ピクシー・ドリーム・ガールに会ったのは、スケッチコメディ〔笑いをベースにした寸劇〕のクラスだ。初日、彼女は鮮やかな赤のワンピースにカウボーイブーツ姿で現れた。まるで衣装部からそっくり調達してきたようだった。彼女の半分を占めるメキシコ人の血がもたらすオリーブ色の肌と黒い瞳のおかげで「エキゾチック」だと表現したくなる外見だが、そんな言葉を発したら、彼女に腕を殴られる。彼女には恋人がいたから僕たちはデートできなかったが、ネットでチャットし、「サタデー・ナイト・ライブ」〔毎週土曜の深夜に生放送されているコメディバラエティ番組〕のお気に入り回のユーチューブをシェアし合ううちに、互いのことを知っていった。

ある暑い夏の午後、一緒にコメディの脚本を書こうということでバーで待ち合わせたのだが、計画が変わってしまった。マニック・ピクシー・ドリーム・ガールにはよくあることだ。僕たちはふたりともノートを開くことなく、バーを気まぐれにハシゴした。

店が変わるたびに僕たちは酔っ払っていき、互いの座る位置は近くなった。テーブルの下で膝と膝がくっつき、歩くときは肩が擦れた。座る位置が近すぎて、彼女の汗のにおいさえわかったけれど、ぼうっとのぼせていたせいで、甘い香水のように感じられた。

その夜は、酔っ払った僕がキスしようとしたのを、彼女がひょいとよけて終わった。

「彼のこと裏切れないわ」と彼女はいった。「いくらうまくいってないからって」

うまくいっていない。僕にも望みがある。いや、望みなんてことより、もっと可能性が高いことがあとでわかった。一カ月しないうちに彼女は恋人と別れ、それからたいして日が経たないうちに、彼女と彼女のタトゥーは僕のベッドのなかにいきついた。

僕は決してガリ勉タイプではないけれど、いわゆる反逆児的なカッコよさがあったためしがない。たとえば僕は、内緒にしているが、実はあの面倒な確定申告の書類を作るのが好きなのだ。一方彼女はカッコよかった。客でごった返したバーでも飲み物をゲットできる。パーティではジョークやダンスや大きな笑い声で男たちを魅了する。彼女が僕と帰るのを見た男たちの目に羨望が浮かんでいるのがわかった。

彼女のおかげで、僕までカッコよくなれた気がした。まるで、人間版ＶＩＰパスみたいだ。衝動的で一貫性がなくて刺激的。彼女は僕と正反対で、一緒にいるとワクワクした。僕は心の底から彼女を愛したし、彼女も愛を返してくれた。

僕のマニック・ピクシー・ドリーム・ガールは、やるかやらないかはすべてゼロか百だったから、事はなんでも素早く動いた。一年しないうちに、僕たちはロサンゼルスに引っ越し、同棲を始めた。僕は女性と一緒に住んだのは初めてで、生活を共にしてこそ生まれる親密さが嬉しかった。ところが彼女のほうは、家庭的な環境というものと馬が合わなかった。彼女は、この先もずっと一緒にいる未来を考えてはヒステリーを起こすということを繰り返すようになった。

原因はなんであれ（最初に火付け役になったのは、ダイニングルームの椅子を買ったことだった）、ヒステリーのあとは同じ流れになる。彼女は泣き叫んで部屋のなかを歩き回り、あなたとは合わないと断言する。僕は平静を保ち、僕たちは違うからこそ一緒にいると互いの弱いところを補い合うことができてうまくいくんだよと諭す。

そんなわけのわからないことをいっちゃだめだ、僕たちは一緒にいるべきだ。つまり僕は、彼女の感じていることを「間違っている」と言い張った（まったくゾッとする。誰かの感情が間違っているなんてことがあるわけない）。僕は彼女のヒステリーなど大して気にかけていなかった。マニック・ピクシー・ドリーム・ガールならではの、完璧なほどの不完全さが出ているだけだと思っていたのだ。

一緒に暮らし始めて三年になろうとするころ、彼女はたびたび鬱状態に苦しむようになり、それが原因で僕たちの関係にひびが入り始めた。それまで僕たちはなんでも一緒に行動するカップルだったが、彼女はひとりで外出するようになった。

明け方の三時か四時に目を覚まして、彼女がまだ帰宅もしていないし連絡もないのに気づくということが何度かあった。僕はベッドに横になったまま、心配と怒りの狭間で揺れながら、三十分ごとに彼女に電話をかけた。彼女は電話に出たとしても、車で迎えに行くよという僕の申し出を断り、「まだここにいるわ。楽しいんだもの」などといった。「ここ」というのがどこなのか、「ここ」の主が男なのか女なのかも僕は知らないことがあった。

朝になって、どこにいたのかと彼女に問いつめたが、それは腹を立てた恋人というよりは、小言を垂れる親のような言い方だった。僕は穏やかで理性的だが堅物の恋人という役割を演じていたのだ。彼女はただ頷くと、口先だけでごめんなさいといってから寝室に行ってしまう。夜になれば、ほかの人たちのマニック・ピクシー・ドリーム・ガールになるが、日中、僕の前にいる彼女は二日酔いで鬱状態のピクシー・ナイトメアだ。僕たちの関係がうまくいっていないとわかっていたが、僕はまだ彼女を愛していて、それがただの困難な局面を描く中盤シーンにすぎず、やがて「いつまでも幸せに暮らしましたとさ」のラストがあると信じていた。

ある週末、僕は友人とキャンプに出かけた。少し彼女をそっとしておいてあげようと思ったのだ。出かける前、僕はふたりの関係について手紙（びっしり五ページの！）を書いて置いてきた。僕がどれだけ彼女を愛しているかということ、「僕たち」の関係を守るために戦い続けるのを決してやめないということを伝えたあとで、こう締めくくった。「僕の愛では君を鬱から救ってあげられないことはわかっているけれど、それでも知っていてほしい。僕の愛は今もこれからもずっとずっと君のものだ」

僕はその手紙を花束と一緒に彼女の机の上に置いて出かけた。パウウェル湖までの十二時間の運転中、彼女が電話をかけてくるのを待った。ところが、カップホルダーに置いた僕の携帯は、何時間経っても鳴らず、午後遅くなってようやくした通知音は、電話ではなくメッセージを知らせるものだった。彼女はお花をありがとうといってきたが、手紙については触れもしなかった。そのとき僕は、ふたりの関係が終わったことを知ったのだ。

マニック・ピクシー・ドリーム・ガールは、映画の序盤で主人公をスランプ続きの人生から救いだすが、最後には役割が逆になり、男が愛の力で彼女を救う。マニック・ピクシー・ドリーム・ガールの本当のすばらしさは、カッコよさだったりワクワクさせてくれることだったりではなくて、そこなのだ。なにかを救う。男にとって、これができる以上に自分に価値を見いだせることはない。「なにか」が人間だったらなおさらだ。

手紙のなかで、僕の愛が彼女を鬱から救うことはできないとわかっていると書いたが、それは本心ではなかった。僕は、僕の愛でなんだって救えると思っていた。それが彼女の鬱であっても。あの手紙は壮大な意思表示で、僕たちふたりの関係と彼女自身を救う手紙のはずだった。それは僕にとってのロイド・ドブラー的な瞬間で、頭の上にラジカセを掲げ、「イン・ユア・アイズ」を流す〔「セイ・エニシング」という青春映画のなかで、さえない主人公ロイド・ドブラーがダイアン・コートという優等生の女の子に愛を伝えるために彼女の家の外でやったこと〕のと同じだったのだ。

映画のなかでは、ロマンチックな行動が功を奏す。だが、僕の実人生では失敗だった。これではまるで、ダイアン・コートが窓際までやってきて、窓をぴしゃりとしめてまたベッドにもどってしまったようなものだ。僕はハートを捧げたのに、彼女は十二・九九ドルの花束の礼しかいわなかった。

映画を魅惑的にするのは、驚くような出来事ではない。驚くようなことは現実でも起きる。そうではなくて、映画は驚くような出来事が起きた直後におしまいになるから魅惑的なのだ。戦が終わったあと、チームが勝利したあと、恋人の愛を勝ちとったあとすぐ。だが現実の人生には続きがあって、その後恋人を失うこともあるのだ。「いつまでも幸せに暮らしましたとさ」はマニック・ピクシー・ドリーム・ガールには退屈すぎる。

僕が旅行から帰ってからすぐ、彼女は僕を捨てた。関係を良くしようという努力などはかけらもなかった。ゼロか百かでいえば、ゼロ。結局僕の愛は彼女を救えなかったようだが、さらにひどいことに、彼女は救ってもらおうなどとは思っていなかった。救ってほしいと思うというのが、マニック・ピクシー・ドリーム・ガールの第一条件なのだが、どうして彼女は違ったのか？

それは彼女がマニック・ピクシー・ドリーム・ガールではなかったからだ。彼女は僕の作った物語のキャラクターでもなければストーリーを動かす小道具でもなく、僕が、というか僕だけが「英雄の旅」〔神話学者ジョゼフ・キャンベルが提唱した英雄神話の普遍的なパターンでヒーロー物語の典型〕のなかで癒すことのできる、深い絶望を抱えて傷ついた生き物でもない。彼女は単純に、気持ちが冷めてしまったのだ。よくあることだ。まったく映画的ではないけれど、よくあることだ。

こうして僕たちの物語は終わった。その後は幸せなエンディングのまま時を止めてエンドロールに進むのではなく、泣いたり、持ち物を分けたりした（ダイニングルームの椅子は僕がもらい、彼女は昔懐かしいタイプライターを持っていった）。すぐにではないが、僕は新しい恋人を見つけた。

今回は、自分たちだけのラブストーリーを紡ぐつもりだ。過去の映画から借用するのはもうやめよう。

マテソン・ペリーは作家で役者。本エッセイの最後に登場した「新しい恋人」と結婚し、ロサンゼルスで暮らしている。このエッセイは二〇一三年七月に掲載された。

ママはプロファイラー

ライザ・モンロイ

「彼、私は気に入らないわ」と母がいう。私はつき合って八カ月になる遠距離恋愛中の恋人に会いにボストンに行き、帰りの電車から母に電話をかけていた。どれだけ彼のことを好きか、母にはちゃんと伝えたかった。彼は同じ大学の出身で、在学中は知り合いではなかったけれど、卒業十周年の同窓会で出会ってすぐにつき合い始めた。これからブルックリンにきて私と同棲する。私はわくわくしていたが、母はうまくいかないだろうという。

「会ったこともないくせに」と私。

「悪い予感がするの」母はたたみかける。

「顔を見たこともないくせに」

「フェイスブックの投稿が気に入らないわ」

「ひとことだって話したこともないくせに」

「悪い人だとは思わないのよ。ただ、あなたには合わないっていうだけ」

「ママは表面的なことばかり見てるんだもの。写真をちょろっと見ただけで恋愛のなにがわかるっていうのよ」私はつっかかった。

「私はプロファイラーよ。プロのね」

母は領事官として二十六年間国務省に勤めていた。ビザの申請者と面接して、その人が話している計画が嘘ではないか、不法に滞在するつもりではないかということをすばやく判断する仕事だ。

「日に数百人と話してると、わかってくるものよ」と母はいう。「習性になってくるわね」

母は仕事で何度か表彰されたことがある。だから、私の恋人に関しても、自分の判断に耳を傾けるべきだと思っているのだ。

でも私は腹が立った。

「ママは、人それぞれのその人らしさを受け入れないのよ」電車からの電話の最後に私はいってやった。「だから、ママといると息が詰まるの」

私はイライラしていいとこのダグに電話した。彼も同じく国務省の外務職員として働いていたことがある。

「君のお母さんがビザ申請者との面談から割り出した数式なんだよ。科学にまで落とし込んだんだ。収入は、仕事は、経歴はってことをね。その基準を君の恋愛に当てはめてるってわけだ」

ダグのいう通りだった。母は私の恋人を、プロフィールを元にプロファイリングしていた。上腕のタトゥーとアップデートされるステータス。ロッカー風の彼の外見と短いコメントを見ただけでは、私と同じで子どもや海が大好きなことも、お菓子作りや家のリフォームが得意なことも、わかるはずがない。

彼は有名大学に職があり、あいた時間で映画制作をしていた。優しくて愛情深い。母がなにをだめだと思ったのか、理解できなかった。ほかはぜんぶ同じでも、もし彼がユダヤ人で、タトゥーはなく、バンドTシャツを着ていなかったら、賛成してくれたんじゃないかと思った。

三十二にもなって、なにか決めるたびに母親にとやかくいわれたくなかった。実際母がなにを知っているというのだ？　母は仕事でずっと海外にいるから、顔を合わせるのは、年に二回くらい。母は自分のことを冗談交じりに「プロファイラー」なんていうけれど、私は別の呼び名を使う。「マイクロマネジャー」とか「過干渉ママ」。

私は、つき合う男が誰であれ、母はなにかしらだめな理由を見つけだすんじゃないかと思い始めた。私はひとりっ子だ。もしかしたら、特別な人が見つかったら、私を独り占めできなくなると思っているんじゃない？

けれど実は、私が本当に不安だったのは、母がこういうことをいったのは初めてではなくて、しかも過去にはそれが正しかったからだ。

前回の恋人は、大学院で出会った詩人だった。つき合って一カ月しないうちに、私は静かな大学町に移り、本とペットと手の込んだベジタリアンフードのある暮らしをしようと計画を立てた。子ども時代、母と一緒に世界を転々としたせいで、私はひとつの土地に根を張った昔ながらの家族を作りたいという願望を植えつけられていた。私はぴったりの人を見つけたと思った。

するといきなりプロファイラーがベネズエラからやってきた。

「彼、私は気に入らないわ」レストランに着いて五分もしないうちに母は宣言した。彼はトイレに行っていた。「なにかがおかしい」

私は母の言葉を無視した。

ところが三年後、その詩人が経済的に破綻しているのを隠そうと何カ月も嘘をついていたことがわかり、彼が信じられなくなった。一緒にセラピーに行ったあと、出ていってほしいと伝えた。

数日後の晩、帰宅すると、彼が私の服を切り裂き、二台あったノートパソコンを浴槽で水浸しにし、家族写真――死別した父が写っていた貴重な写真――を何枚かびりびりに破いていた。彼にこんな破壊的なことができたということが、私にはとてもショックだった。

保護命令の申し立てをするよう警察に指導を受けた私は、家庭裁判所からプロファイラーに電話をかけた。

「確かに、なにかがおかしかったのね」と私はいった。「今後、真剣なおつき合いをするときは、ママの承諾をもらってからにするわ」

母親にお墨付きをもらわないとつき合えないというパターンは、ラブコメに使ったら面白そうだと私たちは笑った。

母はボストンの映像作家との同棲を考え直すようにと私にいい続けたが、そのときには彼はもう、編集用の機材をブルックリンにあるワンベッドルームの私のアパートに搬入していた。

そして母はスペインから一時帰国したとき、とうとう彼に会った。

「いい人ね」といったんは譲歩する。「でも、あなたには合わない。同棲はやめたほうがいいと思うけどね」

「ママは自分に恋人がいないから、私が誰かとつき合うのがいやなのよ」私は決めつけた。

厳しい言い方だったが、私がシングルマザーの娘だということ自体が、母の男を見る目の怪しさを証拠づけているように思えたのだ。自分のためのプロファイリングに失敗した母が、娘のためにうまくできるわけないんじゃない?

私の両親は船の上で出会った。母は博士号取得を目指してイタリアに留学中で、父は船内レストランのカリスマ給仕長だった。三カ月つき合ったところで、父の合衆国の観光ビザが許可されなかったことをきっかけに、ふたりは結婚した。だが父はしだいにアルコール依存症に蝕《むしば》まれていき、私が六歳のとき、両親は離婚した。

私は母に、自分は最悪の相手を選んでしまったくせに、どうして写真だけでその人が私に合わないとわかるのかと聞いた。

「いい質問ね」と母は答えた。「どうしてなのかしら」母は間をおく。「自分のことはわからないものなのよ。大昔から、人間はずっとその間違いを繰り返してきたんだと思うわ」

私は映像作家とうまくやろうと努力したが、一年後、これはあまりいい関係ではないということに気づき始めた。私は彼にそう話し、私たちは友好的に別れた。今度はいい別れ方だった。警察もいらなかった。それから一カ月、平和に同居生活を送ったあと、彼は出ていった。

「いい人だと思う」と母はいう。「でも、運命の人じゃなかった」

プロファイラーはまた正しかった。別れて冷静になってみると、私も彼のフェイスブックの投稿が好きではなかった。

「あなたは、こういうことが私みたいにすぐにはわからないのよ」と母はいう。「こんな男たちと何年も一緒にいてしまうんだから。あの詩人は二回デートすれば十分わかったはずよ。映像作家との同棲も間違いだった」

私だって、正しく判断できたかもしれない。ただ、そうしたくなかっただけだ。つき合い始めのころ、詩人が車で迎えに来たとき、酔っていたことがあった。私は彼に帰れとは言わずに水を飲ませ、二度と酔っ払って迎えにこないと約束させた。私はふたりの人生の理想像をすでに夢に描いていて、それを壊したくなかったのだ。

映像作家が、昼間の仕事がいやで、自分の夢をどう追いかければいいのかわからないと文句をいったとき、私はそういうことは彼自身で答えを見つけるしかないという事実から目を背《そむ》けていた。

私は自分のプロファイリング「能力」を、母が母の恋人たちをプロファイリングできなかったのと同じ理由で無視したのだ。私は恋をしたかった。そして、恋に論理性はない。私は、自分探しの途中にいる男たちを求めていた。彼らの役に立ちたいと思ったのだ。依存症の親を持つ子の典型的なパターンだ。私は肝不全で死んだ父を救えなかった。私はつき合ってきた男たちが人生を立て直すのも、助けられなかった。

母の助言に耳を傾けていたら、痛い思いをせずにすんだだろうか？　なにしろ二回とも、母のいうことは正しかったのだから。でも、うまくいかなかった恋愛も無駄ではない。科学も水晶玉も真実を教えてはくれない。プロファイリングは表面的な技術だ。本当の愛はそんなものではわからない。「誰かを信じられるかどうかわかるためのいちばんの方法は、その人を信じてみることだ」とヘミングウェイはかつていった。それと同じで、ある人物がこの先一緒にいる運命の相手かどうか知るためのいちばんの方法は、その人と一緒に過ごしてみることだ。

「失敗しながら学んでいくものなのよ」と私は母にいう。「それくらい知っておいて」

母はいつも、父と結婚したことを後悔していないという。おかげで私を授かったから。

今、母も私も独身だ。母は領事官の仕事を辞めて、シアトルで祖母の面倒を見ている。でも、母はこれからもずっとプロファイラーだ。今では私はそのことでいらつかなくなった。プロファイラーゲームという面白いものを思いついたからだ。私が気になる男性のフェイスブックを見せると、母がプロの見地から評価をしてくれる。

最近私は、とあるイベントで売れっ子の作家と出会った。ふたりともバックギャモンになぜか夢中だということで意気投合した。翌日の午後にバックギャモンをしようとふたりで会ったとき、彼はゲーム盤の上に身を乗り出して私にキスをした。これはなにかが始まりそうだと思った私は、シアトルのプロファイラーに彼をどう思うか判断を仰いだ。

「ほかの人たちより全然いいわ」とプロファイラーは結果を報告してきた。「ユダヤ人だし、頭がいいし。この人は背の高い女性には合わないだろうから、あなたにいいと思う」

ところがなんと、この作家には恋人がいた。プロファイラーは判断を間違えた？ ついに失敗してしまったのか？ 母は私にJデート〔ユダヤ人を対象としたマッチングサイト〕に再登録しなさいといった。

「ママが登録するなら、私もする」私は答えた。


ライザ・モンロイは『The Marriage Act』『Seeing as Your Shoes Are Soon to Be on Fire』という二冊の回想録を書いているが、どちらも「モダンラブ」のエッセイから生まれたものだ。カリフォルニア州サンタクルーズに住み、執筆活動をしている。このエッセイは二〇一二年七月に掲載された。

どうか行間を読ませてくれ

スティーヴ・フリードマン

　彼女が僕をふった。大事なのは詳細ではなくて代名詞の位置だ。「彼女」が「僕」よりも前。だがここに悪者はいない。セラピストにこの文言を唱えろと言われたので、繰り返す。悪者はいない。

　緑の瞳、細いウエスト、豊かな胸を持ち、冷ややかな笑いを浮かべて女王のごとくあれこれ要求し、僕をあっという間にふった悪者などいない。高慢で冷たいその美しさのせいで、僕は胸が痛くなり、呼吸困難になり、おかげでカーディオライトとやらを使って心臓ストレス検査をされるはめになり、しかも今わかったことだが、保険会社はその費用を出してくれないらしく、僕はみじめでさみしくて、公衆トイレで時々泣いているだけでなく、六千ドルの負債を抱えることになったけれど、それでも、責めるべき人はいない。セラピストはこのフレーズも繰り返せといった。責めるべき人はいない。

彼女にも理由があったのだろうか？　僕に恋人としていたらないところがあったのだろうか？　出会ったとき、僕は四十八歳で一度も結婚したことがなかったこと、過去三十年のうちの最も良い時期に、アメフトでいえばさながら残忍なラインバッカーをするするとかわして走るテールバックのように、結婚していたら幸せになれたかもしれない恋人たちを次々と捨ててきたこと、そして最近鏡を覗き込んだとき、こちらを見つめ返してきた男が男性型脱毛症で、そこに相手ディフェンスの間を縫うように恋のフィールドを走り続けた愚行の名残りが浮かんでいたことと関係があるのだろうか？　そんなことをよくよく考えても、いいことはなにもない。

だから、彼女にもとにかくそれなりの理由があったのだと仮定するにとどめよう。彼女がしたことや、その理由が大事なのではない。大事なのは、僕がどう対処するかだ。ダライ・ラマから「コスモガール」〔アメリカのティーン向け雑誌〕の編集者に至るまで、この手の件に関する権威の意見によれば、挫折や失恋は、それに対する優雅で勇敢で自尊心に満ちたふるまいを披露するチャンスを与えてくれるものなのだ。

まず、ふられた次の日、僕は彼女にメールを送った。優しくて上品で余裕のある感じの二百語のメッセージ。これには三時間もかかった。

「君といると、なんともすばらしく、優しい気持ちになったことを憶えています」と書く。

うまく書けたと思う。大胆にして繊細。

「テニスコートで笑ったりキスしたりしたことから、海で漂流したこと、君と抱き合いながら自分の幸運を感じ感謝の思いでいっぱいだったことまで全部憶えています。ただそれだけを君に知っていてほしかったのです」

悪くない。心がこもっているけれど、すがりつく感じはない。

「僕がふたりの関係を汚してしまったことを認めます。それから僕にとって君がどれだけ大事な人だったか、というか今もどれだけ大事かということ、君がたくさんの努力や優しさや愛を、僕に、そしてふたりの関係に与えてくれていたことへの感謝を伝えたいのです」

彼女を取りもどしたい気持ちが強くなりすぎて胃が痛くなってきた。だが僕が泣き言をいうのがいやだと彼女にいわれたことが何度かあったことを苦々しく思い出す。最後をどう締めくくろうかと二十分悩んだが、ついに決めた。「気が向いたら返事をください。でも、無理にとはいいません」

彼女は無理に返事をしようとは思わなかったらしい。すると今度は彼女に電話をかけたくなった。そう考えたら、彼女とセックスしたくなった。そう考えたら、彼女の隣で目を覚ましたくなった。彼女と一緒に年老いていきたくなった。それができないなら彼女があっという間に老けて、太って、醜くなるのを見たいと思った。

「僕にとっては、彼女は死んだも同然だ」僕は友人たちに話した。「彼女とデートしてたなんて、精神的に病んでたんだ」こうも話した。「境界性パーソナリティ障害だな」

「なぜ僕は、これまでの人生で得た最上のものを捨ててしまったのだろう？」と僕は日記に書いた。「お願いです、神様。彼女を返してください」

一週間後、メールがきた。メールをありがとうのあと、返事が遅くなったことを謝り、あんなふうに終わってしまったのは自分も悲しいと認めた。そのあとに重要な文がくる。「私たちが友達のようなものになれたらなと思います」

僕は、彼女が会話を広げようとしているのだと思った。彼女がまだ僕との恋愛に前向きだということを彼女なりに示しているのだと思った。僕は友人という友人からの助言を全部無視することに決めた。セラピストの助言だって知るもんか。僕は彼女に電話をかけて、またやり直そうといった。

彼女は笑い、僕は食い下がった。彼女は「ただの友達」というような表現を使ったかもしれないが、僕がこの会話を詳細に記したメモに、そんな言葉はない。それに、ディテールがそんなに大事か？　僕たちが四週間と三日と九時間と二十六分半の間、無条件に、心から、熱烈に愛し合ったという事実は、単なる言葉なんかよりずっと意味があるんじゃないのか？

僕たちは映画デートの約束をした。ところがその当日の午後、彼女はキャンセルしたいといってきた。とても疲れているし喉が痛くなりそうだという。別の夜にしてほしいんだけど、いいかしら？

もちろん、いいに決まってる。僕は大人で、子どもじゃない。僕は子どもではない。まさか僕がデートを延期されたくらいで気を悪くするなんて、彼女は思っていないよね？　気を悪くするというか、いやな思いをしたり、疑いを持ったり、深く傷ついたり、テニスコートでいちゃついたときや海流に流されたときやニュージーランドにハイキングにいく計画を立てていたときやベッドで抱き合っていたときには、喉が痛いなんて理由――いや違った、喉が痛くなりそうだという理由――で会えなくなることなんてなかったってことを思い出して、ずきずきするほどのむなしさを感じたり、目の奥がちくちく痛んだりしてるなんて、彼女は思っていないよね？

お大事に、と僕は威厳をもって言葉をかけた。良くなったら電話かメールをください。快気祝いをしましょう。僕は男らしく力強く提案した。自信に満ちあふれて。君を取りもどしたいという空気感なし。怒りなし。カーディオライト系心臓ストレス検査に送りこまれそうな、なりふりかまわぬ言葉なし。

ほぼ一週間後の僕の誕生日、雑誌の記事を書き終えたとき、またメールが届いた。

SPな一日を楽しんでね！
記事、書き終えた？
xoxo

その日の午後から夜まで、このメールを細部まで解体して調べた。たった二文——だめ。誕生日だっていうのにぜんぶで十八字——だめ。「スペシャル」じゃなくてSP——あまりよくない。でも、もしかしたら僕は誤読しているのかもしれない。もしかしたら不安感のせいで、サイバー空間からの甘くて愛情たっぷりの合図を受け取れていないのかもしれない。彼女が前に送ってくれたメールはひとつのファイルにまとめてあったから、それらひとつひとつと言葉の使い方を照らし合わせた。すると驚くような発見があった。前にもSPという省略表現を使ったものがあったのだ！　間違いない。これは書き言葉にしたときの愛情表現か、もしくは単なるコミュニケーションの際の癖だ。僕はその省略表現が、僕への想いが枯れてしまった証拠に違いないと、はなから思い込んでしまったのだ。それに、「xoxo〔キスとハグを意味する〕」を無視するのは、恐ろしくアンフェアだ。どう見ても、彼女がいつでも僕と一緒に海流に流される用意はあると、遠回しにいっているようにしか思えない。

僕ははっきりさせるために彼女に電話をした。間違った解釈はしたくないんだ、と僕はいう。君はデートしたいの？　したくないの？

彼女は、二度と電話をかけてこないでといった。

え、そうなの？　じゃあ、君こそ電話をかけてこないでくれよ、と僕。メールのアドレスも削除してくれ。それから、まだある。僕を通りで見かけても……。

彼女は電話を切った。

僕はいらついて辛口の手紙を何通も書いた。君には人を愛することができないし、僕が君にあげたものがどれほどすばらしいものだったか理解していない。でも手紙は出さなかった（十年間通ったセラピーに感謝）。ストーカー行為ってほどのことはしていない。ある晩彼女のアパートのそばまで自転車で行くには行ったが、法律上問題になるほどの時間とどまってはいない。彼女の写真をパソコンでスライドショーにして、レベッカ・ルーカーの歌う「ティル・ゼア・ウォズ・ユー」〔ブロードウェイミュージカル「ザ・ミュージック・マン」の劇中歌〕をＢＧＭに、繰り返し見た。二週間で五キロ近く痩せた。

そしてふいにすばらしい気づきが降りてきた。電話で彼女にぴしゃりというなんて間違っていた。あんなふうにいわれたら、そりゃたじろぐはずだ。そうならない人のほうがおかしい。この見解で心穏やかになった。穏やかになると同時に希望が生まれた。希望とともに計画が生まれた。もしも僕が彼女をとても愛していて、彼女を責めてもいないということをわかってもらえたら、そして僕が今や前と違って愛に飢えてもいないし、怒ってもいなくて、愛と思いやりに満ち、高尚な意思を持った男になったのだと理解してもらえたら、彼女は僕の元にもどってくるかもしれない。また一緒に海流やテニスコートにもどれるかもしれない。

今回は電話には手を出さなかった。話し言葉は誤解されやすい。「ごめんなさい」と僕は書いた。「本当に本当にごめんなさい」さらに言葉を重ねる。「僕がどれほどすまないと思っているか、君にはきっとわからないと思います」クライマックスはこれからだ。「僕は本当に愚か者でした。君がいなくて僕がどれほどさみしいと思っているか、わからないでしょう。どうかもう一度、やり直すチャンスをください。そのためなら、君の望むことはなんでもします」

一週間後、彼女から手紙の返事がきた。僕の謝罪は受け入れてくれた。でも僕のことは信じられないという。僕の幸福を祈っていますとのこと。

僕を信じられない？　なるほど。だから、ニュージーランドに一緒に旅行したくなかったわけだ。僕が胸を痛くしていたこと、呼吸困難になったことを知っていたら、僕の誠実さを疑うなんてことはなかったはずだ。「ザ・ミュージック・マン」を聞きながら彼女の写真のスライドショーを見つめていることを話せば、きっともどってくるはずだ。

だからそうした。彼女に伝えた。メールをもう一通送ってぜんぶ伝えた。映画「カサブランカ」とドラマ「マルコム in the Middle」のセリフも引用し、祈りの言葉で締めた。

それが一カ月前だ。この間、僕はじっくり考え、僕自身がこれまでふってきた女性たちが保ち続けた冷静さと威厳ある沈黙に驚嘆した。「嘆きの天使」で、マレーネ・ディートリヒにいわれてコケコッコーと鶏の鳴きまねをさせられた哀れな老教授を思い出した。映画「エンドレス・ラブ」の愚かな少年を、フランク・シナトラがすばらしい負け組賛歌の数々で永遠の命を与えたふさぎ屋たちを思い出した。ダライ・ラマや「コスモガール」的な人生についても考えてから気がついた。僕は、怒りに満ち、心破れた、そしてひどいめにあったテレタビーズ〔英BBC制作の同名の子供向けテレビ番組のキャラクター〕並みに威厳のない行動をとっていたのだ。

だが、状況はだいぶ改善されてきている。今にすっかり克服できる。どうしてそういえるのかといえば、二週間前、かなり久しぶりのことだが、地下鉄のなかでひとりの女性が僕のいるほうに向かって微笑んだとき、なにかが起きる可能性を感じたからだ。そして、これも久しぶりのことなのだが、このところは毎日必死にメールをチェックしないし、彼女の写真に見入ることもしていない。

写真はどれも捨てていない。手紙もメールも。友達には捨てろと忠告されたのだけれど。だがそんな必要はないのだ。今度こそ、彼女は僕にとって死んだも同然。本当だ。心からそう思っている。

スティーヴ・フリードマンは『The Agony of Victory』『Driving Lessons』『Lost on Treasure Island』の著者であり、「ニューヨーク・タイムズ」のベストセラーリストに載った二冊の作品（そのうちの一冊『EAT&RUN　１００マイルを走る僕の旅』がＮＨＫ出版より出版されている）の共著者。ニューヨーク在住。ホームページ（stevefriedman.net）参照。このエッセイは「モダンラブ」の最初のコラムで、二〇〇四年十月下旬に掲載された。

緊急治療室にて

ブライアン・ギティス

家のソファから転がり落ちてマティーニグラスの上に着地し、大きな血管を切って命にかかわるほど大量出血するのにちょうどいい時などないが、これからうまくいきそうな感じのデートの真っただ中くらい悪いタイミングはない。熱い気持ちを高めてきたミステリアスな魔法を一気に解くのに、ほとばしる血ほど効果的なものはない。

これを実証したのは今年の春のこと。美しすぎてもはや怖くなるくらいのブラジル人女性との四回目のデートでの出来事だ。カジュアルなイタリアンレストランでのディナーのあと、入居したてのブルックリンの僕のアパートまで一緒に歩いて帰った。この街でルームメイトなしで暮らすのは初めてだった僕は、手に入れたばかりのプライバシーをさっそく有効活用したかったのだ。すべてはうまくいっていた。手つかずの段ボール箱だらけの家具のない部屋で、しゃれたグラスで酒を飲むのはどこかロマンチックだった。レコードプレーヤーにはマイルス・デイヴィスの「イン・ア・サイレント・ウェイ」がかかっている。

ここまで首尾よく運んだことが自分でも信じられなかった。友達はみんな聞き飽きた話だが、四カ国語が話せて三つの大陸に住んだことのある二十代前半の素敵な女性が、僕と土曜の夜を過ごしてくれるなんて嘘みたいだ。ピッツバーグ出身、本好き根暗タイプの三十一歳のこの僕と。

彼女とふたりで会うたび、高級クラブに忍びこんでいるような気分になった。毎回別れるときに、入場資格がないことがばれてつまみ出されてしまうのではないかと不安になった。素敵な人と会うのがデートの醍醐味だが、実際のところ、素敵な人と一緒にいるのは、僕にはストレスが強すぎて楽しめないことがある。

これは僕にとってはお馴染みのストレスだ。僕は十年ほど抗不安性薬物療法を受けていて、デートのたびに絶え間なく自問してしまう。「あんなことといってしまってよかったのか？　神経質に見えるかな？　神経質にならないようにしすぎるせいで、よけいに神経質なのがバレバレになってるんじゃないか？」と。

初めての人と会うときにそんなふうに自問をするのは、当たり前じゃないかと思うかもしれない。だが僕はこの自問のせいで、頭が麻痺してしまうのだ。脳のなかでデートを純粋に楽しめる部分は悲惨なほど小さい。たとえデートがうまくいったとしても、楽しめるのはたいていあとになってから。しかも遠目で見ているようで、まるで他人事《ひとごと》にしか思えない。第三者としてデートをしているみたいだ。

これまでのところ、この女性とうまくいっているのは、それを現実だと思わないようにしてきたからだ。そうするうちに、身の周りの現実すべてが目に入らなくなっていたらしい。ソファの上で抱き合っていた彼女が身を起こしてバスルームに向かおうとしたとき、僕は彼女が食後に飲んで床に置きっぱなしにしていたグラスの上に落ちたのだ。僕の上腕の内側の柔らかい皮膚にガラスが刺さった。下を見ると、上腕三頭筋があらわになっていて、これまで生きてきて見たことのないほどの量の血が流れだしている。傷は骨近くまで達していた。

実は、デートの終わりが緊急治療室になるのは、これが初めての経験ではない。どうも僕はこのパターンになるコツをつかんでいるらしい。大学時代の恋人に出された半生のチキンを食べて、幻覚が見えた上に四十度以上の高熱が出たことがあった。その数年後、別の女性に朝食を作ってあげようとしているうちに、ペーパータオルに火をつけてしまい、II度熱傷を負った。けれど、今回の怪我は、その深刻度といい、不運なタイミングといい、僕が裸だったことといい、すべてにおいて新境地を開いたといっていい。

救急車のなかで、救急隊員たちは僕の腕を押さえていてくれたが、彼らの質問のせいで、この洗練された女性につりあう相手になるよう作っていたまやかしの僕が危機に瀕していた。

「年齢は？」この質問で、僕たちのかなりの年の差――これまで話題に上がらなかったこと――にいきなりスポットが当たる。

「薬は飲んでいますか？」

「抗鬱剤とクロノピン〔抗てんかん剤〕を」僕はしぶしぶ答える。

次は彼女への質問。「恋人ですか？　それともご友人で？」

しばらく間があった。「恋人」気まずそうにそういってから、すぐにまた口を開く。「友人です」

救急車に乗って手術室に向かっている最中だというのに、この言葉は僕には痛かった。

病院の夜勤スタッフはさぞ面白かっただろうと思う。到着した僕は、まだ半裸だったのだから。救急車を待つ間、彼女がなんとかズボンを穿かせてくれたが、僕は腕から手を離すことができなかったので、シャツは半分しか袖を通せなかった。その状態で車椅子に乗せられ、セクシーなワンピースを着た女性に付き添われて手術室に向かう僕は、「セックス中の怪我です」と大声で知らせているようなものだった。

それからの一時間は、X線を撮られたり、パニックになるスレスレの質問（なんだってこの承諾書は信仰する宗教まできいてくるんだ？）に答えたり、くる医者くる医者みんなに、いかにも不快そうなそぶりで目を丸くして驚かれたりと、なにがなんだかわからぬうちにめまぐるしく過ぎていた。

「腕を切断することにはなりませんよね？」と僕がきいたときの「たぶんね」という答えもまた不安を煽《あお》った。

情け容赦のなさそうな目つきの不愛想な医者が、研修医たちにもぞもぞと僕の症状を説明しているのが聞こえてきて、僕の不安はさらに膨れ上がった。すべて聞き取れたわけではないのだが、「七センチ」と「動脈」という単語はくっきりはっきり聞こえた。

お次は身体的辱めだ。手術前、僕のデート相手は、看護師が蛍光灯に照らされた僕のしまりのない体から血のついたジーンズを脱がせ、病衣を着せる様子を見せられた。僕は、レストランでディナーを共にする一週間後の自分たちを想像した。僕がウェイターに首から吊った腕を使ってこれが欲しいとメニューを指すと、このひどい姿がふたりの頭にちらついてしまうのだ。

そしていいよ。手術室の照明がまぶしかったことは憶えている。麻酔薬を入れますよといわれたのは憶えている。その直後からの記憶は空白だ。

目が覚めたときは朦朧《もうろう》としていた。僕の腕は身体についていて、僕のデート相手もそこにいた。手術は成功だったが、もう六時間は緊急治療室で待機していなくてはならない決まりになっていた。女性とふたりきりで過ごすには、端的にいって恐ろしく長い時間だ。なにしろ暗めの照明もなく、アルコールもなく、観る映画もなければおつまみもなく、気まずくなったときの非常出口もないときている。

激しい雷雨のように、不安が一気に押し寄せる人もいる。僕の場合、不安はしだいに濃くなる霧のように、知らないうちにじわじわとしのびよる。霧の濃さが一定を超えると、夢を見ているときのような危うい感覚になる。かかりつけの精神科医が「現実感喪失」と呼ぶ症状で、まさにシャットダウン。僕は社会的に機能しなくなってしまうのだ。

病院でのあの瞬間、霧が忍び寄ってきても不思議はなかった。だが、どういうわけかそうはならなかった。あのときの落ち着きが、心理学的なもの（アドレナリン、モルヒネ、そして心からの安堵が混ぜ合わされたもの）なのか生理学的なもの、つまり何時間も立て続けに困惑と恐怖を味わい続けたために、単に疲れすぎていたせいなのかは、今になってもわからない。

理由はどうあれ、僕は落ち着いていた。頭のなかはもやが晴れたようにすっきりとしていた。僕の目を見つめる彼女の瞳がまっすぐな優しさに満ちていて、僕はくらくらした。まるでいきなり何年もの月日が経ったみたいだ。最初の数回のデートでの不安や駆け引きは、もはや遠い記憶。この人と一緒にいるっていうのは、こういう感じなんだ、と僕は思った。僕も彼女もなにも変わっていないのに、僕は今までとは違う世界にいた。

その六時間はきらきらと輝きながら過ぎていった。互いに病院にまつわるいろいろな話をし、マティーニグラスにまつわるジョークを延々と言い合った。本の話、家族の話もした。ばかばかしい映画のシナリオ案まで思いついた。病院を舞台にしたホラーだ。僕はしゃべり、笑い、これまで会ったなかでいちばん美しい女性と、僕が本気で恋をしている女性と、いともやすやすと絆を紡いでいた。

ようやく病院から解放されて、午前半ばにタクシーに乗ってうちの近くまで向かっている間、僕は鮮やかな夢を見ているような気分だった。ふたりで公園で卵サンドを食べてからアパートの部屋にもどると、見慣れたリビングに血しぶきが散っていた。僕は睡眠不足とわずかに残るモルヒネのせいで、自分が殺害された現場にもどってきた幽霊のような気分になった。

ピンク色に染まったペーパータオルがくしゃくしゃに丸まってあちこちに転がるその部屋で、血の足跡を使い捨てのフロアワイパーで拭きながら、僕は思った。この人とは、もうこれきり二度と会わないか、長いつき合いになるかのどちらかだろうなと。

ところがどちらも違った。この物語が僕の人生に啓示をもたらすような結末を迎えたといえたらよかった。僕が抱えていた不安がなくなり、彼女との人生が始まるのだといえたら。

だが現実には、一カ月後、彼女は僕の元を去っていった。病院の蛍光灯に照らされた僕に嫌気がさしたからではなく、もっとありがちな理由で。前の恋人が忘れられなかったのだ。

ひとりの女性をすごく好きになった男性が、腕にタトゥーを入れることがある。僕はタトゥーは入れなかったが、目立つ傷跡が残った。時々、そのくっきりとした跡を指でなぞる(神経性の新たな癖だ)と、緊急治療室での美しい六時間が頭に蘇る。そして思い出すのだ。僕は自分が幸せでいられる世界と隣り合わせに生きているのだということを。今生きている世界と同じ空間にあるのだけれど、どういうわけかまるで違う世界。そのよりよい世界は、見つけるのはとても難しいけれど、実は目の前にある空気と同じくらい僕の近くにあるものなのだ。

ブライアン・ギティスは出版業界で働き、ニュージャージー州で妻と息子と共に暮らしている。このエッセイは二〇一四年十月に掲載された。

あなたが大好き

心の望むままに

ゲイリー・プレスリー

僕はかつてポリオに感染して四肢に麻痺があるので、立ちあがることができない。腕の力もあまりなくて、座ってしまえばそれなりのことはできるのだが、椅子に座るとか、その椅子から別の場所へ移動するには、まるで力が足りない。

障害者支援施設でケアを受けながらではなく、自分が望んだように自宅アパートで生活していくためには、車椅子からベッドへ、ベッドから車椅子へ、車椅子からシャワーチェアへという移動のために、ヘルパーに交代で来てもらわなくてはならない。朝晩十分から二十分いてもらえばいい。それ以外はなんでも自分でできる。保険代理店での仕事も大丈夫。どこかに預けていただく必要はないので、どうぞおかまいなく。

女性ヘルパーは二人一組で来るのを望む。男がベッドに移動したり、ベッドの上で服を脱いだりするのを手伝うのだから当然だ。僕は女性には慇懃《いんぎん》といってもいい態度をとるほうだし、不適切と解釈される可能性のある接触や言葉を常に極力避けてきた。そのおかげでヘルパーの手配はいつもスムーズだったから、そのうち、すべて決まったこととして、意識もしなくなっていた。少なくとも、ベリンダという、ふたりの男の子の若い母親がヘルパーのひとりとして現れるまでは。

その日、僕はシャワーチェアのボルトがひとつ緩んでいることに気づいていた。「ソケットレンチの使い方、わかります？」僕はベリンダに聞いた。

「もちろん」ベリンダはすぐに答えた。「私、小さいころ、男の子みたいだったんですよ。いつも父のお手伝いをしてたんです」

ベリンダはダークブラウンのさらさらのストレートヘアを細い首筋のあたりでひとまとめにしていた。エキゾチックな濃いハシバミ色の瞳、ダンサーのような柔軟な体。幼いころは男の子みたいだったかもしれないが、僕の目の前にいる彼女は美しい女性だった。

「机の左下の引き出しに、レンチのセットが入っているんです。持ってきてくれたら、直し方を教えます」

そのうち、ベリンダは時に相棒なしに僕を移動させる仕事にやってくるようになった。

「ひとりで来るのに抵抗はないんですか？」と僕は聞いた。

「どうして？　あなたより私のほうが強いのに」

そのあと、僕を移動させるという彼女の本来の仕事はおまけのようなものになっていき、僕たちはほかの話を始めた。本のこと、映画のこと、僕の仕事のこと、彼女の仕事のこと。数週間もすると、ベリンダがヘルパーとしてだけでなく、午後三時から十一時までの彼女の仕事が始まる前に、時折友達としてうちに寄るようになったのは、ごく自然な流れに思えた。

ある日、ベリンダはふたりの息子を連れて来た。「マシューとクリストファーよ」と紹介する。

少年たちは大きな声で挨拶をした。弟のマシューは母親のスカートにぎゅっとしがみついてはいたけれど。ベリンダが前もって僕の車椅子について話していたことは明らかだった。マットは赤毛でそばかす顔、クリストファーの髪は母親譲りのダークブラウンだ。

こうして、皮肉屋でよそよそしい態度をとる車椅子の男と、科学を愛し、息子たちをどう養っていけばいいか頭を悩ませている活発な若い女との奇妙な関係が始まった。互いの手が触れることはあるかもしれないが、互いが胸の内で考えていること、感じていることは、水平線のかなたで稲妻がきらめくように、ようやくちらりと見え始めたところだった。

僕は四十を過ぎていて、手足の麻痺への怒りや不満は、もはやなくなりつつあった。だが、ベリンダと僕の間にある友情、この関係が、慎重に閉ざした心からほとばしる情熱へ、孤独な生活から人と関わる生活への架け橋になるとは思いもしなかった。

「私はほんとに車椅子なんて気にもならないの」出会ってから数カ月後、ベリンダがいった。

「あなた自身を見てるから」

だがそのとき僕は、その言葉を信じなかった。麻痺の状態になったとき、僕は幼くてとても未熟だった。そして当時周りにいた障害を抱えた人のほとんどが、消極的にただ制約を受け入れていたからだ。そして彼らは、身体的に傷つけられたり、ネグレクトされたり、虐待されたり、拒絶されたりすることのないように、作り笑いでその場をしのぐばかりの病人であり、引きこもるしかない人たちとみなされていたのだ。

ベリンダは二十六歳で、微生物学で修士号を取ろうと勉強を始めたばかりの学生だったが、ぎりぎりの収入で生活するシングルマザーでもあった。授業料と息子たちを預けるためのお金を払うために介護助手として働き始めてからもうすぐ十年。大学院で勉強し始めて、彼女の生活はさらに忙しさを増していた。

当時の僕は、愛し方は知らなかったけれど、友達になる方法はわかっていた。僕は彼女の息子たちの世話をすることでベリンダの力になろうとした。ベリンダが早朝に仕事が入れば、息子たちがスクールバスに間に合うように準備を手伝い、放課後には預かって、宿題をさせ、空腹を満たしてやった。

夏の終わりのある日、ベリンダに近くの学園都市までついてきてくれないかと頼まれた。「きちんとした職を持つ女性がどんな服を着るべきか、男性の意見を聞きたいの」とベリンダはいった。大学院学生の処遇改善のための制度のおかげで、TA〔ティーチング・アシスタント〕に採用されたという。そうなれば収入も増える。でも自分が教える側に見えないのではないか不安だというので、ふたりで僕のワゴン車に乗って出かけた。

行く道で、隣の車線の旧型のフォルクスワーゲン・ビートルを追い越したとき、ベリンダはビートルを指さしていった。「今に、あんなのを見つけて修理して乗るつもりよ」

まともに聞いてもいなかったのに僕はつぶやいた。「願って馬が手に入るなら、物乞いも馬に乗る」

「ずいぶん意地悪なことというのね」ベリンダはぴしゃりといってそっぽを向いた。

ベリンダが僕のワゴン車を運転していた。僕は彼女の後ろにしっかりと固定された車椅子に座っていた。「ごめん」僕はろくに考えもせずにすぐに謝ったが、どうして彼女がそんなに怒ったのか理解していなかった。その皮肉な警句は僕にはしっくりくるものだった。「願い」というものの不毛さを知り尽くしていたからだ。

「人間には夢を見る権利があるのよ」ベリンダはいった。

ベリンダがワンピースを買うとき、僕たちはしゃべらなかった。ベリンダは花柄が気に入った。僕は小さい白の水玉の入った紺色の服が気に入った。僕がランチをおごったあと、また車で一緒にアパートにもどった。子どもたちのスクールバスが到着するのを待つ間、ベリンダは押し黙ったまま僕のソファに横座りしていた。ダークブラウンの髪を片側に垂らし、玄関側の窓から私道に沿って並ぶヒマラヤスギをじっと見ている。

「本当に、君の気持ちを傷つけるつもりじゃなかったんだ」僕がいう。

「いいのよ。私もあんなに神経質になるべきじゃなかったわ」そう彼女はいったが、丸めた肩から失望が伝わってきた。

僕は失望というものをよく知っていた。着慣れたコートのように失望を纏《まと》っていた。我慢しなくてはいけないことを受け入れられず、受け入れるべきとわかっていることを苛立ちながら見ないふりをして。だが、その瞬間、いつもはあけっぴろげで明るい彼女がそんなに悲しそうにしているのを見たら、僕からなにかを必要としている女性の心に深い悲しみを見てしまったら、つたない謝罪の言葉よりももっと大きなものをあげたくなってしまった。だが同時に、彼女の世界にさらに深入りすれば、ふたりがいきつくその場所で、僕はこれまで自分のなかでとらえてきた自分というものを失うかもしれないこと、僕を正気に繋ぎとめてきた厳しい現実から手を離してしまうかもしれないことを知っていた。

僕にはベリンダを愛する資格はないと思っていた。彼女が僕を愛することを許すべきではないと思っていた。残りの人生を文句もいわずに切り抜けていくべきだという考えに固執していた。残りかすのような存在として、壊れた部品の寄せ集めとして、馬を望むことさえしなくなった物乞いとして。だが彼女は美しくて生命力あふれる女性で、僕は男だ。もちろん車椅子ではあるけれど、時に車椅子が不釣り合いに思われるほどの熱さも欲望もたっぷり持ち合わせた男だ。

そして、ひどく不愉快な小さな秘密も抱えている。それはおそらく鉄の肺という特殊な人工呼吸器のなかに閉じこめられたときから、そしてその後しばらく経って、自分が二度と歩けないと知ったころからの秘密で、僕が死ぬ日まで、悪臭を放ちながら腸のなかに居座るだろう。そして、その日に至るまで、本や映画に出てくるような愛や結婚を僕が手に入れることができるなどという妄想を片っ端からむしゃむしゃと貪《むさぼ》ってきたのだ。その秘密とは、僕は僕を愛してくれる人に肉体的に依存することになるだろうということだ。僕の存在はやっかいなお荷物であり、この状況は一生変わらない。そんな僕を愛してくれる女性が現れるとはとても思えなかったし、仮に現れても、じきに僕を重荷に感じて嫌いになるはずだと思い込んでいた。

こうした考えが僕の頭をぐるぐると巡っている間——しっかりと言語化できていたわけではないが、なんとなく憂鬱で不安な気分として——僕はベリンダを見つめていた。ふいに、ベリンダはソファから立ち上がり、数歩歩いてこちらにやってきた。僕が両腕を広げると、ベリンダは僕の膝の上に体を預け、頭を僕の肩に乗せた。ふたりとも物音も立てず、言葉も交わさなかった。ただ彼女の涙が落ち、僕はなにもいえずに驚くばかりだった。

友人。恋人。おそらくその日は、よりどころのない日々からぬけ出す道があるかもしれないということを僕に示してくれたのかもしれない。僕が憶えているのは、贈り物とも魔法ともいえるもの。これまで想像すらできなかったものが、僕がおそらく最後に息を引き取るその瞬間まで大事にするであろうものへといつの間にか変わったこと。キス。彼女の肌の感触。彼女の首元あたりの甘やかな香り。

「やめたほうがいい。わかるよね」僕は彼女の髪に口を当てたままいった。「君はほかの人を見つけるべきなんだ」

「水疱瘡《みずぼうそう》にかかった私の坊やたちと一緒に家にいてくれるようなおバカさん、ほかにどうやって見つけろっていうの?」ベリンダはそう答えて微笑むと、体を起こして僕の頭のてっぺんにキスをした。「私を第一に考えてくれるあなたが好きよ」

もちろん僕は彼女を第一に考えてはいたが、あのとき彼女はTAの仕事に穴をあけるわけにはいかなかったし、僕が子どものころに水疱瘡にかかったことがあることを考えれば、ごく自然な流れだったのだ。

何ヵ月かして、ベリンダは僕のアパートに寄って小さな箱を取り出した。なかには男性用の結婚指輪が入っていた。太めの指輪の表面にはナラの葉の模様が刻まれていた。「サイズが合ってるかどうか、はめてみて」

結婚してもうじき二十年になるが、今でも愛が作り上げたものを思うと畏敬の念を覚える。時々、ベリンダは僕のなかに育むべきものを見ているのかもしれないと思う。あるいは犠牲を払うべき場所。あるいは愛を捧げる祭壇。だが僕は別のことも感じている。二十年前から続いているほてりのようなもの、男と女の間の熱だ。

皮肉屋は、恋愛なんてフィクションだという。僕が本気で恋をしたのはただ一度だけだが、恋愛とはミステリー、謎、ふたつの魂が絡み合った複雑な結び目だと思う。だが今になっても、僕はベリンダの愛が現実だとは完全に思えずにいる。僕はベリンダを愛する人生を選んだ。頭で考えた論理に反し、心が望むままに選んだ。そして今もまだ、毎日いろいろなことを彼女に助けてもらうたびに、罪の意識と感謝の気持ち、怒りとありがたさ、苛立ちと当惑が心のなかで入り混じる。

そして心の奥底のどこかには、老いた醜い物乞いが眠っている。ベリンダが愛すると決めた男が馬に乗っていってしまったことに気づきもせずに。

ゲイリー・プレスリーは『Seven Wheelchairs: A Life Beyond Polio』の著者である。

このエッセイは二〇〇九年十一月に掲載された。

彼があなたにそれほど気がなくても大丈夫

ヴェロニカ・チェンバーズ

私にとって恋人探しは、あのダンスゲームみたいなものだった。画面の指示に従って踊るうち、振りがどんどん難しくなってどうにもついていけず、無惨な姿をさらすことになるあのゲーム。私は恋をすると、べたべたと粘着質で、なりふりかまわず必死になり、心のなかをなにもかもさらけだす。そんなふうにどうしようもなく好きになってしまうことが何度もあったけれど、そのたびにこっぴどくふられてきた。

だから、二年前、あっさりと幸せな結婚ができたのは、奇跡としかいいようがない。

それまでの私は、『彼はあなたにそれほど気がなかっただけ』〔原題『He's Just Not That Into You』〕の事例のようだった。というか、そういわれてきた。私自身はあの恋愛バイブルは読んだことがない。読んだらきっといやな思い出がたくさん蘇るよと友人にいわれたからだ。どうやら私のような女について書いてある本らしい。男を見る目がまるでなくて、ぐいぐい迫りすぎて、好きになってはいけないタイプばかり好きになる女。

たぶん、あなたのことも書いてあると思う。あなたが私と同類なら、よく聞いて。私自身、当時誰かにいってほしかった言葉をあげる。「大丈夫よ」と。

好きになる男好きになる男、みんなダメなやつでも大丈夫。男の家にバラの花束を抱えて現れて、変わることのない愛を宣言しちゃったとしても大丈夫。酔っ払って元彼に二十回も電話をかけたあと、たぶん自分の番号が彼の電話の履歴に残ってしまっていることに気づいて死にたくなっても大丈夫。大晦日の夜、好きで好きでたまらない男から距離を置きたいといわれたあと、雨に降られてずぶ濡れの野良猫みたいになって、タイムズスクエアの電話ボックスで泣いていても大丈夫。

どうして大丈夫なのかって？　Ｅ・Ｍ・フォースターの「オンリー・コネクト」〔人と人との繋がりの難しさを描いた小説『ハワーズ・エンド』のテーマともいうべき言葉〕というシンプルなアドバイスに従った壮大な意思表示や勇敢な努力は、実はその時々の相手に関わることではないと思うからだ。愛のためにしでかしたバカなことは、丸々ぜんぶ自分自身に関わること。心を閉ざして二度と開かぬようにはんだで封印したいくらいの状況でも心を開いておくために、どれほど頑張ったのか、どれほど遠くまで旅をしたのかということだからだ。

通俗的な心理学に脱線するつもりはないけれど、私は環境的に、うまく立ち回れる女になれるはずもなかったなと時々思う。両親の結婚生活は、家出や心理戦や浮気などの劇的な要素が詰まった昼ドラばりの物語だった。私は幼いころ、父さんと母さんとどちらが好きか答えなさいと父によく聞かれた。母を選べば、父は激怒する。父を選べば、父は息もできないほど私を抱きしめてはキスをして、勝利に酔いしれ、すぐもどってくるからねと約束する。

すぐというのが二日のこともあれば、二週間のときもあれば、二カ月のこともあった。私は人生の早い時期に、愛とは必ずしも約束をきっちりと守ることではないと学んだ。

母は私がファザコンで自暴自棄な女の子にならないように気を配ってくれていた。七年生のとき、初めての彼氏ができた。イケメンで、中学の運動部のスター選手だったチャック・ダグラスだ。私たちは学校が違ったので、つき合うといっても、とりとめもなく長電話をするだけのことだったし、その電話もたいていは私からだった。

ある日の放課後、三時間ずっと私と連絡が取れなかった母は、小言をいわなくてはと考えながら早めに仕事から帰ってきた。ところが腕に電話のコードをブレスレットのように（あるいは手錠のように）グルグル巻きにしてダイニングテーブルの下に潜り込んで寝そべっている私を見て、母は情けなくなった。自分の寝室に私を連れていくと、チャックにはどのくらいの頻度で電話をしているのかと聞いた。

「しょっちゅう」

「それで、彼のほうはどのくらい電話してくるの？」そう聞かれて私が肩をすくめると、母はいった。

「男は追っちゃだめ。いやがられるから」

私は十三歳だった。チャック・ダグラスは、元気で明るいチアリーダーが周りにごまんといるなかで、正真正銘の変わり者の私を彼女にしてくれたのだ。私は母の言葉に耳を貸さなかった。理性などなくなっていた。

大学生になると、女性学というものを知り、そのときにはすでにゆるぎないものとなっていた私の男狂いをグロリア・スタイネムとアンジェラ・デイヴィス〔両者ともアメリカの女性活動家でフェミニスト〕の言葉で包みこんだ。「私はフェミニストよ」私は宣言した。「男からデートに誘われるのを待ったりしない」

そして次から次へと男をデートに誘った。まさに『彼はあなたにそれほど気がなかっただけ』の典型例だ。まだカミングアウトしていないゲイの男性たちとも数えきれないくらいデートした。そのうち、元彼たちをカミングアウトに導く、ある種のサービスをしているみたいになってきた。テクノＤＪとつき合っていたときには、彼の両親と一緒にセーリングに誘われた。彼の音楽の趣味が大嫌いだったし、キスがひどく下手だったけれど、ふられたときには一週間泣いた。

二十代のころ、長く続いた人がふたりいたが、それが終わると、またもや恋人探しという荒れ狂う大海に投げ出されていた。当時流行《はや》りの恋愛指南書は『ルールズ――理想の男性と結婚するための35の法則』。男を捕まえるのに役に立つルールがたくさん紹介されていたはずだが、私が覚えているのは、土曜日のデートの申し込みは水曜日で締め切るべしというものくらいだ。

『ルールズ』を読んだとき、あのキラキラライケメンのチャック・ダグラスとのことについて母と話したのを思い出した。ああいうルールは、私にとっていいものだとはわかるのだが、豆腐と同じで、滋養があるとわかっていてもどうしても好きになれない。

友人のカサンドラは、男はライオンのようなもので、ターゲットを追いかけたい生き物なのだという。興味を引かれる男がいたら、やたらに話しかけたりせずにただ微笑みかけろとアドバイスされた。「相手の出方を見るのよ。もし、ちょっと遊びたい気分になったら、軽くウインクしてみてもいいわ」

そのすぐあと、私は友人に誘われて南アフリカに旅行に出かけた。ある気持ちの良い朝、友人と私はホテルのレストランで朝食を取っていた。向こうの席に、ずっと前から知り合いだったような気がするほど親しみを感じる顔をした素敵な男性がいるのが見えた。レストランを出ようと立ち上がったとき、彼が私のほうを見ていることに気がついた。私が微笑むと、彼も微笑み返した。ちょっと大胆な気分になった私はウインクをし、階段につまずいて顔を打った。

それからの数分は目まぐるしかった。ホテルのスタッフが私をぐるりと囲み、氷やら絆創膏やらを差し出した。ざわざわしているなかで、ひとつの声が聞こえてきた。私がウインクした相手の男だ。私は恥ずかしさのあまり顔を背けた。

「医者に診せたほうがいい」と彼がいう。

私は大丈夫ですと言い張った。

「大丈夫かどうかは、僕に判断させてください。偶然にも僕は医者なもので」

彼はその晩、私をディナーに誘った。そして、それ以降、旅行中ずっと。私たちは電話番号を交換した。私はニューヨーク、彼はオーストラリアのシドニーに住んでいたけれど、私は彼に何度も電話した。この男に感じたものが、もし愛でないとすれば間違いなく魔法だというくらいの確かな思いがあったからだ。

ところが、それは思い違いだった。彼の名誉のためにいっておくが、なにしろ住んでいる大陸が違うのだ。彼が私にすごく気があったとしても、つき合うのはなかなか大変なことだったろうと思う。

三十近くなったそのころ、私はおそらく女性誌かなにかで、それから心に留めておくことになる、あるアドバイスを読んだ。その記事では、この一年のうちに生涯愛する相手に出会うと前もってわかっていたら、一年間思い切り楽しむはずだと書いてあった。それはとても理にかなっているように思えた。

心のなかをさらけ出し、すぐにのめりこんでしまうという私の傾向に変わりはなかったけれど、むこうから電話をかけてくることはないとわかっているような男たちとの一度限りのデートも何度か楽しんだ。映画を観に行ったりヒップホップのコンサートに行ったりするのを楽しんで、デートや恋人探しに対しては肩の力を抜くことにした。

約一年後、私はのちに夫となる男性と出会った。彼を何度も私に引き合わせてくれた友人は、私がニューヨークで出会うたいていの男たちと違って、ジェイソンはぶれない男だといった。ジェイソンは私がよく知る「セックス・アンド・ザ・シティ」の「ミスター・ビッグ」——超成功者で、女とは少し距離を置く——タイプではない。職探しや請求書の支払いといった大事な問題を抱えながらすぐに恋愛に走ってしまうような、飢えた芸術家タイプでもない。

ジェイソンは普通の男だ。ちゃんとした仕事があり、持ち家があり、両親との関係も良好。最初のデートの八カ月後、彼は私にプロポーズした。

そのとたん、これまで男とつき合ったときに私が常に担ってきた役割が逆転した。私は結婚したくなかったのだ。これまでも結婚指輪を欲しいと思ったことはなかった。二十代の間ずっと欲しかったのは、本当に素敵な恋人だった。電話するねといったら電話し、早起きしてブルックリン・ブリッジを一緒にランニングして渡ってくれて、機会があれば迷わず週末にバークシャー地方まで一緒に行ってくれる人。

新聞の日曜版をベッドで共に読める人、外国映画を観るときに隣に座っていてくれる人、私が病気になったらチキンスープを持ってきてくれる人、バレンタインデーに花束を贈ってくれる人、そして、ときにはなんでもない日にも贈ってくれる人。

ジェイソンもまったく同じことを望んでいた。でも、彼にとっては、それこそが結婚だった。

それで私はイエスと答えた。

だから私は、結婚して二年にもなるのに、いまだにジェイソンのことを恋人と呼んでしまうのだろう。彼はどの点を取ってみても、これまでで最高の恋人だ。本当にすばらしい結婚は、恋人探しに費やした悲惨な二十年の埋め合わせをしてくれるなんて、誰も教えてくれなかった。自分に気がなかった男たちなど、女にとってはベッドの支柱に刻まれた飾りでしかないとも知らなかった。

私は今では、あのＤＪやら医者やらその他もろもろとつき合って良かったと思っている。過去の恋愛を思い出すと、様々な騒動のなかにも結構楽しいことはあった。

あのころの恋愛のどれかが続いていて、どう考えても間違った関係なのに不平をいいつつ引きずっていたらどうなっていただろう？　ふられてチャンキーモンキーのアイスをカートンごと抱えて「ティファニーで朝食を」を観ては自分を慰めていた私はいなくて、代わりに、あの男たちの誰かと、離婚裁判所で向かい合っていたか、自分たちの子どもかペットのコッカー・スパニエルを交互に預かるために、毎週土曜の午後に会っていたかもしれない。

幸い、あの男たちは私にそれほど気がなかった。これ以上ありがたいことはない。

ヴェロニカ・チェンバーズは「ニューヨーク・タイムズ」の編集者であり、『Queen Bey : A Celebration of the Power and Creativity of Beyoncé Knowles-Carter』の編者。ここに登場した男たちが彼女にそれほど気がなかったことに今でも満足している。ビヨンセの言葉を借りれば「ボーイ、バーイ」だ。このエッセイは二〇〇六年二月に掲載された。

レースの終盤は甘やかに

イヴ・ペル

サムと私は二年間つき合った。そして私が七十歳になり、彼が八十歳になったとき、合わせて百五十歳の合同誕生パーティを開いて婚約を発表した。その一年後、私たちは結婚した。私たちの経歴はかなりかけ離れたものだった。サムは日系アメリカ人で第二次世界大戦中は収容所に抑留されていたが、その後苦労して大学を出て日系アメリカ人の女性と結婚し、彼女が亡くなるまでの四十年以上の年月を幸せに暮らした。私は代々キツネ狩りを楽しむ名家の娘で、先祖はペラム〔ニューヨーク州郊外の町〕の荘園の領主だった。結婚離婚を繰り返しがちな一族の典型で、私も離婚を二度経験していた。

私たちはサンフランシスコエリアの同じランニングクラブに所属していた。彼はなかなかいないタイプだった。チャーミングで健康的な七十七歳の独身男性。私は彼のことをもっと知りたいと思った。

私は作戦を思いついた。私たちの共通の友人のジャネットが、自宅に十人ちょっとが座れるシアタールームを持っていて、そこでよくパーティを開く。私はジャネットに電話をかけた。「まるで中学生みたいなやり方だけど、上映会をするときに、一度サムを呼んでほしいの。サムが来るときには、絶対私も行くから」

そのすぐあと、彼女から電話があった。「サム、木曜日に来るわよ」

その夜の参加者は八人から十人ほどだった。映画のあと、みんなでおしゃべりしているときに、誰かがチェ・ゲバラを描いた新作映画「モーターサイクル・ダイアリーズ」について話していた。

「それ、観たいわ」と私がいう。

「僕も観たいな」とサム。一瞬短い間があき、私は息をのんだ。サムは私を見ると「一緒に行きますか?」と聞いてきた。

ジャネットとハイタッチしたい気持ちを抑え、私ははい、といった。私たちは翌週にデートの約束をし、待ち合わせ場所を映画館に決めた。ところが当日になると、行きたかった映画のチケットは売り切れていた。

では、どうする? 私たちはほかの映画を調べ、「サイドウェイ」を選んだ。映画に関しては男たちとワインがどうのというストーリーをぼんやり憶えているくらいだが、サムが隣に座っていたという記憶は鮮明だ。「サイドウェイ」が終わると、当初の目的が果たせなかったのだから、別の日に「モーターサイクル・ダイアリーズ」を観ようという話になった。

サムと私は一緒に走るようになった。それでも最初のころ、私はジレンマに直面した。ハンボルト郡のハーフマラソンに出たとき、サムはスタートしてすぐはスピードを出していて、かなり前のほうにいた。ところが何キロも過ぎていくうちに、私はじりじりと近づいた。彼の走り方を見るかぎり、私のほうが体力が残っている。どうしたらいいだろう？　腹を立てられる可能性もあるけれど、抜かしていいものだろうか？　女に負けるのをとにかく嫌う男はよくいる。

わざと遅く走って彼に勝たせることもできたが、それでは彼を馬鹿にしているようで、自分に腹が立つだろう。それなら、と私は思った。もしも私のほうが速いことで彼が苛立つようなら、彼は私の相手としてふさわしくないということだ。そこで私はスピードを上げ、彼の背中をぽんと叩いて「がんばれ！」と声をかけた。結局、私がゴールしたとき、彼はまだ後方にいた。けれど、心配することなどなかった。サムは怒らなかった。というより、私が速かったことを喜んでいるようだった。というわけで、私たちは一緒にいるようになった。

サムと私はよく中華料理店で食事をしたが、私はそこでフォーチュンクッキーをもらった。

占い入りのクッキーだ。私のお気に入りの二つがこれ。

辛抱強く計画に当たること。愛する人と結婚できます。

いつまでも探し求めるのはやめなさい。幸せはあなたのすぐ隣にある。

ある晩、数週間ぶりに映画館で会ったとき、彼の手が私の手の上に乗せられた。今でも、目を閉じて気持ちを集中させれば、あの瞬間が蘇る。映画館の暗がり、彼の手の温かさ、幸福感。おばあちゃんがそんなふうにほとばしるようにロマンチックな気分を味わうなんて、想像もできないかもしれないが、実際にそうなったのだ。手を伸ばすというその行為が、彼にとってはとても勇気のいることだと、私はわかっていた。私はお返しに、家まで送ってくれた彼をお茶に招いた。うちのリビングのソファは狭くて座り心地が悪く、ふたりで交友を深めるようにはできていない。それでも私たちはそこに座り、そこでキスをしたあと、彼は帰っていった。

問題もあった。サムが六年前に他界した妻のベティへの忠誠心のために、芽を出しかけた私たちの関係について葛藤を抱えているのは私にもわかった。若いころなら、ライバル心を持ったかもしれない。奥さんを愛しているってことは、私をあまり愛していない証拠よなどと思ったかもしれない。でも今の私はそうではないとわかっていた。それである晩、私は思っていることを話した。

「あなたがベティを愛していたことを知っているし、あなたがたの結婚をとても尊重しているのよ」と私は始める。

「でも、あなたの心のなかには、私が入る場所もあるんじゃないかしら」

サムは私をハグして、帰っていった。

数日後、サムは聞いた。「来週のカーメルの五キロマラソン、行くつもりかい？」

「ええ」

「一緒に行く？」

「ええ」私には彼がなにを考えているのか、そのときはまるでわからなかったが、数日後にそれが明らかになった。ランニングのあとで話しているときだ。サムは恥ずかしそうに自分のシューズを見下ろしながらいった。「カーメルにワンベッドの部屋を予約したんだ。いいかな？」もちろん、異存はなかった。

サムが最後に女性とつき合っていたのは、彼が結婚する前の一九五〇年代初頭だったことに私は気がついた。六〇年代、七〇年代と時代が変わり、この手の約束事もいろいろ様変わりしたことを、サムは知らないのだ。サムは、うちに泊まるようになったころ、必ず自宅の新聞の配達を止めて、近所の人たちになにが起きているのか気づかれないようにしていた。けれどこんなに礼節を重んじる一方で、サムは真のロマンチストでもあった。

数カ月後、別々にヨーロッパ旅行をしていた私たちは、バルセロナで落ち合った。これはなかなかの進展だった。一緒に外国旅行をするのは、映画に行ったりレースに参加したりといったことに比べると、私たちの関係を量る上で重要な出来事なのだ。けれどこれに関して、というか、だいたいのことに関してそうだったのだが、サムは完璧だった。私がホテルに到着すると、サムはワインとチョコレートと花を用意して待っていた。一緒に旅行することにはふたりとも不安があったが、実際はなにひとつ違和感を覚えなかった。帰国する飛行機のなかで、サムは宣言した。「次からは、旅行はいつも一緒にしよう」

それからというもの、私たちはとてもうまくいって、いつも一緒にいた。外的な問題もほとんどなかった。サムは引退して悠々自適な年金暮らし。私はフリーランスのライターで収入がある。互いの子どももたちはもう中年で自立している。私たちはただ愛し合い、幸せになるだけでよかった。サムと私は、若い人たちがするようなことをなんでもやった。走り、レースに出て、恋をして、旅行し、家を改築し、結婚した。

結婚式のあと、私たちはハワイに飛んだ。「これをハネムーンと呼んではだめだよ」サムはいった。「そうすれば、蜜月《ハネムーン》は終わりだなんて誰からもいわれずにすむからね」

私たちは二〇〇七年世界マスターズ陸上競技選手権（私は愛情を込めて「高齢者オリンピック」と呼んでいる）に出場するためにイタリアに行き、それぞれの年齢に応じた階級（私は七〇〜七四歳クラス、サムは八〇〜八四歳クラス）で金メダルを獲った。家にもどると一緒に庭でガーデニングをし、私は自伝を書き終えた。毎朝一緒に腕立て伏せをし、毎晩一緒にバスタブのふちに腰を下ろしてデンタルフロスを使った。サムは私を「スイートハート」と呼び、記念日を忘れなかった。最初の映画デートをした日もそのひとつだ。私はベティの誕生日には彼に花を贈った。

老いてからの愛は若者の愛とは違う。七十代と八十代の私たちは、人生のアップダウンを経験し、自分が何者かをよくわかり、妥協するということも学んでいた。死というものについても知識があった。愛する人たちの死を目の前で見てきたからだ。最終ゴールは近づいている。どうせなら、最後に心にひと花咲かせたい。

私はもうそんなにきれいではないけれど、それほど神経質でもない。これまで誰かを失ったり、間違いをしでかしたり、ばかな決断をしても、その後の人生を生きてきた。この関係がだめになったとしても、また生きていくことができるだろう。それに、これまで一緒にいたほかの男たちと違って、サムは成熟した大人で、親密になることを恐れず、人生が与えてくれるものを楽しそうに探索していく男だった。私たちは心のおもむくままにイチかバチかに賭け、数年間、この世の天国を味わった。

ある日のこと、サムの右目の涙管が機能しなくなり、そのすぐあとに、右目が腫れてきた。ひとつの誤診と間違った治療がさらなる間違いを引き起こし、生検をすることになった。一週間後、主治医はサムがステージⅣの癌で、もう長くはないと告知した。

サムは生きたいと願い、苦しみながら病と闘っていたが、いつも取り乱すことなく勇敢だった。私はサムの苦しみを少しでも和らげたくて、手厚い看護をしてもらおうと二十ドルのスターバックスカードを看護師に配ることを覚えた。毎日彼の好物のスイカをカットして器に入れて持っていった。けれどある朝、サムはそのスイカさえも食べられず、数時間後亡くなった。

サムと過ごした短い年月、私は幸せだっただけでなく、自分が幸せだということを知っていた。人間が得られる最も尊い恵みである、真実の愛を手にしていた。私は自分からそれを求め、見つけた。

サムが恋しくてたまらない。それでも、今の苦しみにはその価値がある。サムと私はよく「私たちはとても幸運だね」といい合っていた。本当に幸運だった。生まれたての愛は、それが年老いた者の愛であっても、驚くほど豊かな恵みを与えてくれるものなのだ。

イヴ・ペルはカリフォルニア州ミルバレー在住の作家で、現在も走っている。
このエッセイは二〇一三年一月に掲載された。

アルコールから脱して

ケヴィン・ケイヒレイン

ジュリーとの最初のデートは、出だしもあまりいい感じではなかったが、終わり方はさらにまずかった。まず、約束の時間に僕が現れなかった。それはプレジデントデー〔初代大統領ワシントンの誕生日を記念した祝日で、二月第三月曜日〕の連休初日の土曜の夜で、二番街にあるテレフォン・バー&グリルにいた僕は、そこからすぐのジョンズ・ピッツェリアでジュリーと会う約束の時間まで、ジントニックを飲みつつテレビでバスケの試合を観るつもりだった。ところが次に気づいたときには何時間も過ぎていて、東十二丁目の自宅アパートで寝ていたところを、電話で起こされた。

僕はよろよろとアパートを出ると、ピッツェリアまで走った。しかし最終的に、ジュリーは歩道で怒って泣いていた。なにをいっているかよくわからなかったけれど、いいたいことははっきりしていた。もうこれっきりよ。

彼女がタクシーでアッパー・ウェストサイドに帰ってしまえば、初デートにありがちな、あとになれば笑って話せるネタになりそうな失敗だったが、ことはそんなに単純ではなかった。僕たちは同じ広告代理店に勤めていた。彼女が人材コーディネーターで、僕がコーディネートされる人材。彼女はぼくが職場で出会った最初の人だった。僕がタイピングのテストに受かったのは、彼女がタイマーを五分長く設定してくれたからだ。

便宜を図ってくれた上に、虜《とりこ》になるしかないような素敵な笑みをくれた彼女に気の利いたメールを書くことに、僕は夜な夜な時間を費やすようになった。翌日、自然な感じで送れるようなメールを作っておいたのだ。彼女は僕のデスクに立ち寄ることが多くなった。そのうち僕のために業務連絡のメモを持ってくるというよりは、僕の粗削《あらけず》りな魅力に惹かれる彼女側の理由のほうが大きそうだと思えるようになってきた。

それなのに、僕は積み重ねてきたことを台無しにしてしまったらしい。しかも火曜日には、また彼女と顔を合わせなくてはならない。

僕は週末の間ずっと後悔に浸りながら酒を飲んでいた。そして日曜日に、金もないのに百ドル分のバラに、謝罪のカードを添えて送った。不運にも、僕は、フーティー・アンド・ザ・ブロウフィッシュの「ホールド・マイ・ハンド」を一曲丸ごと彼女のボイスメールに送るなんてことまでしてしまった。

火曜日になっても、僕は家から出なかった。水曜日も。

こんなふうに逃げたところで、長期的な戦略として現実的じゃないとわかっていたから、木曜日には服を着替えて仕事にもどろうとした。ところがそのときには神経が麻痺し、頭にもやがかかってしまった。これまでもよくあったのだが、社会的に機能することが可能なアルコール依存症から、明らかに機能できないアルコール依存症への一線を越えてしまっていたのだ。

ついに僕はジュリーに電話した。「バラ、受け取った?」

受け取ったわ、と彼女は答える。とても綺麗だったけれど、思いを伝えるやり方としてはちょっと異様に思えたという。「アルコール依存症なのね」と彼女はいった。冷たい言い方ではない。「助けが必要なのね」

僕はすでに十六歳のときにこの結論に至っていたが、直接はっきりそういってくれた人はこれまでいなかった。ジュリーが、広告代理店の従業員支援プログラムに加盟している医師に翌朝の受診予約を入れたほうがいいといったので、僕はいわれた通りにした。僕は彼女に夢中でまっさかさまに恋に落ちていたところだったから、彼女に橋の上から飛び降りてといわれたら、その通りにしたかもしれない。だが、またもや頭の回らない状態でよろよろとベッドを出た僕が、雨でずぶ濡れになって病院に着いたのは、予約時間の三十分あとだった。

西五十七丁目にある立派な診療所は、とても静かだった。どこかでかすかに噴水の音がする。あごひげを生やした医者は優しそうだったが、単刀直入に話し始めた。

「ここへ来た理由は？」医者は聞く。

「飲酒です」

「頻度は？」

「毎日」

「今朝も飲んでいましたか？」

「いましたね」

「腕はどうしたんですか？」

「猫を飼ってるんで」

「なかなかな猫ですね」

「本当は猫なんて飼ってません」

「精神的な痛みを身体的に表現なさるのがお好きなんですね」

「誰だってそうじゃないんですか？」

医者は急性アルコール中毒症と診断したが、僕にとってはとりたてて驚くようなニュースではなかった。さらに医者は早急にリハビリ施設に入って治療を受けることを勧めた。

「医療保険が効くなら、僕のほうに異存はありません」

僕は二十四歳だった。

僕はしばらく家賃を払っていない自宅アパートにもどり、職場の福利厚生担当者からの電話を待った。その広告代理店で働きだしてまだ六カ月しか経っていなかったし、そもそも就職できたのも、そこに数年勤務していた叔母のコネのおかげだった。まともな服も持っていないところから、コンピューターに疎《うと》いところまで、なにをとっても僕がマディソン街にあるような会社向きの人材でないことは明らかだったのに、叔母はとにかく僕を面接に行かせたのだ。

僕の擁護者とはいいがたいはずのジュリーが僕に電話をしてきて、給付金がおりることになったから、いつでも入所できると教えてくれた。それで僕は施設に入ることになったのだが、その前に、消息不明の届けを出されないように、家族や友人に説明の電話をかける勇気を出すのに、モルト・リカーの四十オンス〔約一一八二ミリリットル〕ボトルを何本か空けずにはいられなかった。

ワンボックスカーが迎えに来たとき、白髪交じりの運転手は、たいていの患者は僕よりももっと酔っ払っていると教えてくれた。どういうわけか、そういわれたことで、僕はさらに落ち込んだ。自分を壊すことさえまともにできないのかと思ってしまったのだ。車がＦＤＲ

ドライブ〔マンハッタンを走る高速道路でほとんどが高架になっている〕を北へ進む間、この大都市のきらびやかな光がいちばん魅惑的に見えるのは、ここを去るときだと思った。

ほぼ三週間後、僕はジュリーの席の前に、手持ちの唯一のスーツを着て登場した。ジュリーは僕をハグして素敵よといってくれた。僕は君も素敵だよと答えた。ジュリーは書類を封筒に入れるとか、コピーをとるとかいうような仕事をくれて、僕は自分史上最高に熱心に働いた。僕が仕事の進み具合を報告し、もっと回してくれというたびに、ジュリーは楽しそうな顔をした。

その日の終わり、僕はジャケットを脱いで彼女の席に座り、リハビリ中の話を聞かせた。

「あなたがもどってくるとは誰も思ってなかったわ」とジュリーはいう。

帰ろうと立ち上がったとき、マーチャント＝アイヴォリー・プロダクション〔映画監督ジェームズ・アイヴォリーらの設立した映画会社〕の映画に出てくる抑圧されたタイプのキャラクターのように、ジュリーの膝にさっと触れた。そしてマンハッタンの街を歩いて帰った。

その週末、僕とジュリーはセントラルパークで会い、歩きながら話した。ジュリーはオハイオ州のカントンの出身で、親は教師とフットボールのコーチだという。彼女自身はファイ・ベータなんとかというエリート会のメンバーで、いちばんの仲良しである姉はシカゴでグラフィックデザイナーをしている。メリルリンチにも行けたのに広告代理店を選んだのは、より人間味のある仕事ができると思ったからだ。僕はといえば、ニュージャージー出身で、ささやかな反抗の末にリンカーン・トンネル〔ニュージャージー州とニューヨーク市を結ぶ、ハドソン川の水底トンネル〕を抜けてきただけの男だ。

アルコール依存症からの回復期について書かれた資料によれば、アルコールを断ったあと数日（あるいは数週間、時には数年）は、恋愛を始めるには危険が伴うという。けれど、僕は僕の人生の救命ボートに一緒に乗ってくれる人が欲しかった。そしてジュリーは警戒しつつもオールを持とうとしてくれているように思えたのだ。

次のデートもセントラルパークだった。ジュリーは岩によじ登り、僕はつき合う相手としては未熟すぎるといった。「私たち、友達でいたほうがいいと思うの」

僕は彼女の決断を当然だと思った。過去何年ものジュリーの崇拝者を警察の面通しの列に並ばせれば、その場にいちばんお似合いなのは、きっと僕だ。僕たちはランブル〔セントラルパーク内で、都会を忘れて自然に迷いこむことを意図してデザインされている広大なエリア〕を抜け、シープメドウ〔同パーク内の芝生エリア〕を突っ切って見晴らしのよい場所にやってくると、セントラルパーク・サウスに立ち並ぶ高層ホテルが、黄昏《たそがれ》のなかできらめくのがよく見えた。日の名残がパリセイズ〔ハドソン川のニュージャージー州側にそびえる崖〕の後方に消えていき、満月が輝き始めたとき、ジュリーは僕のほうに向き直っていった。「私たちがただの友達じゃなかったら、これ、ちょっとロマンチックよね」

それから数日間、ふたりで昼も夜も片時も離れずに過ごすうちに、僕は酒はやめると彼女に誓った。

ところが二カ月後、僕は昔の仲間と再会して、昔の自分にもどってしまった。ジュリーと僕はジャージーショア〔ニュージャージー州の沿岸地域〕で結婚式に参列したのだ。僕は彼女の目を盗んで、何杯も酒を飲んだ。参列者の手にしたグラスすべてに入っているように思えるカランと音を立てる氷と揺れるライム以外、とにかく目に入らなくなってしまった。花婿の妹とダンスをすると、妹は僕の耳元で「あのブロンドと別れる」ことになったら、電話してとささやいた。古い知人は、会話中に酒を数回おかわりする僕をいぶかしげにながめ、「そんなに喉が渇いてるのか？」と聞いた。

ニューヨークへの帰り道、飲酒運転の検問を待つ渋滞に巻き込まれた。恐怖に怯えた僕は、本当は酒を飲んでしまったのに、ジュリーに向かってまで酒をやめていてよかったなど話してみせた。酒飲みというものは、そういう二枚舌をいくらでも使うのだ。検問官が手をふって僕たちを通してくれたとき、あまりに嬉しくてほっとして、もうこれきり絶対に飲まないと心に誓った。その翌月あたりに数回ちょっとした失敗はあったけれど、おおむね僕はその誓いを守ることができた。

二年後、僕たちはオハイオ州カントンの工業地帯の一角にある小さな教会で結婚した。六月の蒸し暑い日で、招待客はプログラムをうちわ代わりにしてあおいでいた。結婚式の前夜、カントンのオールド・ダウンタウンのレストランで開いたリハーサルディナーには、はめを外したくてわくわくしている友人たちが集まった。当然酒もあったし、幸運を祈る乾杯も何度もあった。そして僕には、自分の口と腕が、脳の指令に逆らってちょっとした問題を起こすんじゃないかという不安もまだあった。しかしそれは杞憂に終わった。

乾杯をする番になった僕は、前の晩のインディアンスの野球中継中に紙ナプキンに書きつけておいた概要を頭に思い浮かべながら挨拶をした。今ではほとんど忘れてしまったが、最後の一文だけは憶えている。ブルース・スプリングスティーンの歌の歌詞を拝借したものだ。僕はジュリーに約束した。良いときも悪いときも、富めるとき、よりは貧しいときのほうが多そうだけれど、狂おしいほどに、魂ぜんぶで君を愛すると。それは誓いであり、ポーズでもあり、イチかバチかの賭けだった。

そのあと僕はグラスを掲げ、そのまま下ろした。

最後に酒を飲んでから十年になるが、岩を押しながら山を登っていくような毎日などではまるでなかった。実際のところ、たいした努力もいらなかった。困ったときに集会に参加したりもしないし、専門用語を並び立てたりもしないし、ニーバーの祈り〔アルコール依存症克服のための組織やプログラムによって採用され、広く知られるようになった祈りの通称〕を唱えもしない。アルコールを摂取しない何千もの日々の蓄積が、自然に酒を飲まない習慣を定着させたのだ。

ジュリーと僕はふつうの職に就いている。郊外に家を持ち、二・五人の子ども（現在いるのは二人で、もう一人十二月に出産予定）を乗せるミニバンも持っている。遺伝学的見地からいうと、子どもたちはもっといい生活ができたのかもしれない。きっと、近い将来本人たちが文句をいってくるだろう。

でも実際そうだろうか？　もし僕が溺死寸前のアルコール依存症でなくて、あの愛情あふれる手を必要としていなければ、彼らの母親と僕は一緒になっていなかったのではないか？　僕は時々、つらい苦しみを背負って生きているつもりが、実はその苦しみが僕たちを抱えてくれているのではないかと思うことがある。

ケヴィン・ケイヒレインはニュージャージー州サミット在住のコピーライターでありジャーナリスト。このエッセイは二〇〇五年七月に掲載された。

イヴとイヴがリンゴをかじったら

クリスティン・シャーロード

模範的なキリスト教徒の女子として育てられたら、教会は「行く場所」ではない。「デートの相手」だ。教会は、週末や夕べを共に過ごす「大切な相手」であり、男性の友達を作るきっかけとなってくれる「ボーイフレンド」であり、夢を逐一打ち明けられる「ガールフレンド」だ。

私は本当に模範的なキリスト教徒の女子だったから、教会と「デート」しただけでなく、「結婚」した。

私は「キリストとその王国のために」がモットーの中西部のある大学を卒業後、ニューヨークシティに越してきた。繭《まゆ》のように私を守ってくれていた福音派の世界から出るのが初めてだった私は、まずなにより先に、愛を注ぎ、人生を捧げることのできる、精神的にも社会的にも私の生活のよりどころとなる教会を見つけなくてはいけなかった。

その結果、ブルックリンの教会にいきついた。クリエイティブな若者や、専門的な仕事を始めたばかりの人で、私のように、原理主義に囚われすぎない信仰を求める人たちが集う教会だ。すぐに仲間ができた。精神を導くリーダーというよりは、友達に近い感覚でつき合える牧師も、仲間のひとりだった。私たちは毎週日曜日に教会の信徒席に集うだけでなく、平日にはあちこちのバーや、それぞれの家のリビングでも集まった。

すぐに、この集まりが私の「恋人」になった。私は誓約をして教会員となると、聖書の勉強会を仕切り、日曜学校で教え、毎週の企画会議に出席し、そのほかにも数えきれないほどの責務を負った。まるで新妻のように喜び勇んでこの教会に身を捧げた。

同じような立ち位置にいるその他の未婚女性同様、私が次に考えたのは、この教会内で夫を見つけることだった。キリスト教には愛の三角形というモチーフがある。福音主義の基礎を学ぶと、父、御子、聖霊のように、夫、妻、教会という結婚生活の三位一体も教えられる。それで私は毎週信徒席を見渡して、薬指に指輪をしていない男性を探した。

ある日曜日、スエードのジャケットを着て、つばのある帽子に短い黒髪をたくしこんだ新顔の女性に気づいた。とりたてたいした会話もしていないのに、私は彼女に強く惹きつけられた。私は、いかにも福音派らしいお誘いをした。「私の主催する聖書の勉強会に参加しませんか？」

彼女は参加してくれた。それから夕飯を食べに来た。それからうちのソファで眠るようになった。コーヒーを飲もうといって会い、ウィスキーを飲もうといって会い、そのうち、勘定をいつ、どちらが払ったのかもわからなくなった。私はニューヨークで自転車を移動手段にするのはちっとも危なくないと力説し、彼女はクレイグスリスト〔個人間の売買などを仲介するサイト〕で自転車を買った。

事故に遭った――二度も！――彼女を私のアパートに連れて帰り、肌にこびりついた小石をきれいに取り除き、足首に包帯を巻いてあげた。なにも知らずに観に行った美術館の展示がゲイとレズビアンのアートを特集していたときは、私たちの関係について考えさせられた。それでも私は、痛いほど明白な事実をなんとしても認めなかった。

けれどそれから数カ月経って、ジェスが私のクローゼットに予備の靴をしまうようになり、冷凍のブリトーばかり食べている私の食生活を豊かにしようと食料品を買い込んでくるようになるころには、私はもう、彼女に恋をしていることを否定できなくなった。そしてそう気づいたとたん、天国にでもいるような至福の状態から地獄の炎に向かって真っ逆さまに落とされた。

私はとうとう、自分が同性愛者だということを自覚した。そしてすぐに元の自分にもどらなくてはと慌てふためいた。私の魂とアイデンティティが危機に瀕していたのだ。世界の見方、精神世界のとらえ方、友人たちとの、家族との、神との関係さえも。夫、妻、教会の三位一体が、今や手の届かないところに遠のきながらも、私に重くのしかかった。

不変の均衡が崩れようとしていた。私は恥とパニックが烈火のごとく燃えあがる地獄へと落ちていった。ほんの少しでもジェスとの未来を想像しようとすると、地獄への恐怖が立ちふさがった。キリスト教徒がいうところの「同性に魅力を感じるという困難な問題」を抱えてしまった自分を悔いたが、それでも、悔やむ気持ちとは比べものにならないほどの大きな喜びを、ジェスの存在に感じた。同性愛に関する本を何冊も読んだが、はっきりとしたことはわからなかった。気持ちを落ち着けるために、ジェスと私はただの友達だと思い込むことにした。

その作戦はそれなりにうまくいっていたが、ある晩崩れてしまった。ふたりでバレエを観に行ったとき、私はジェスにキスをしてしまい、ジェスは私を愛しているといったのだ。私は生まれて初めて、満ち足りていると感じた。愛され、理解されていると感じた。ジェスの隣に横たわると、過去の私も現在の私もすべてが癒されていった。だが同時に、それは、私が抱えていた最悪の恐れが事実だったことを確信させる出来事でもあった。目が覚めたとき、怖くてたまらなかった。ジェスを追い出し、この関係を即座に終わらせなくてはいけない。

けれどその前に、ブランチだ。このブランチをなしにはできない。いい友達になるための別れの儀式なのだから。

私たちはミモザ〔シャンパンとオレンジジュースのカクテル〕とエッグベネディクトをゆっくり楽しむことなどできなかった。リンゴをかじって罪を背負ったアダムとイヴのごとく、悲劇的に変わってしまう私たちの人生について考えずにはいられなかったのだ。ついに支払いも済み、席を立って現実と向き合わなくてはいけなくなった。

ふたりで歩いていると、ジェスは錯乱したホームレスの男性が、車の行き交う車道に立っているのに気づいた。助けを必要としている人を見過ごせないジェスが男性に声をかけて歩道まで呼び寄せると、彼は、つらい思いばかりしてきた自分の人生を語り始めた。ジェスはじっと耳を傾けていた。そのうちジェスが彼にランチをおごるといいだし、私はまごまごしているうちに、ひとり取り残された。

ふたりが近くの雑貨店から出てきたとき、男は袋に入った食べ物とコーヒーを手にし、笑みらしきものを浮かべていた。

「いくら?」男が聞く。

「いいんです。さしあげます」

「いくら?」男は食い下がった。

「そうですねえ、じゃあ」ジェスはためらっている。「一ドル」

男は上着のポケットを探って小銭入れを取り出し、クオーター硬貨を四枚数えてジェスの手に乗せ、去っていった。

ジェスは硬貨をじっと見つめていた。「こんなに価値のあるものをもらったことはないわ。これをどうしたらいいかもわからないくらい」

私はこれまで生きてきて、愛や人との関係に関わる定義をたくさん教えられてきた。どれも聖書に照らし合わせて真実だと証明することが簡単にできるものだったが、それはその昔、地球が平面だということを、水平線を見て確かめたのと同じなのだ。けれど、ジェスがその男と話しているのを見ているうちに、新たな水平線が見えてきた。もっと複雑な水平線だ。

私はジェスのなかに、イエスが説いた愛を見た。状況に左右されることのない、そしてすべての人に、なかでもとりわけ忘れられた人々、見知らぬ人々に向けられた愛。イエスは同性愛について語ることはなかった。けれどイエスの宇宙論には、なにが正しい信条でなにが犯罪でなにを軽蔑するべきかなどは出てこない。その本質は、社会に取り残された人々を愛するということだ。ジェスの存在すべてにその愛が表れていた。ジェスは、イエスが最も情熱を傾けた、共感、優しさ、正義を体現しているのだ。これほどすばらしい愛を与えられる人を愛するのが、間違っているなんてことがあり得るだろうか？

私をがんじがらめにしていた、誤った二者択一に基づく信仰の枠組みと、凝り固まった道徳観が崩れ始めるのを感じた。魂を失うか、最愛の友人を失うかのどちらかを選ぶという希望のない選択と思われたものが、実は、真実の愛だけが私を救うことができるという教訓を示していたのだ。

自分のなかで解決はできても、騒動はまだまだそれからだった。私たちの関係に異を唱える人はたくさんいて、口をそろえて、私たちが愛し合うなら、それは神を愛していないということだといった。牧師もそのうちのひとりだった。私たちは誰より先に牧師に、この関係を告白していた。告白した当初は私たち自身もそれを罪深いものだととらえていたのだが、その後変化を遂げた考えをわかってもらおうと、時間をかけて牧師と話し合った。これまで長い年月をかけて教会に誠実に奉仕してきたことが、私たちの信仰を保証してくれるはずだと思っていたし、友人でもある牧師は、私たちの神学理論が正統から逸《そ》れているわけではないと認めてくれるのではないかと期待していた。

ところが牧師は最終通告をした。私たちが別れるか、教会員の資格を失うかのどちらかだ、と。そのすぐあと、教会は私たちに「離婚」をいいわたした。

ジェスと教会と私というやっかいな愛の三角形のことを思い出すとき、私はいつもキリストの愛がなにを求めていたのかを自分に問いかける。すると必ず聞こえてくるのは「自分を愛するように汝の隣人を愛せよ」という言葉だ。ジェスは私を真実の恋へと導いただけでなく、真実の神の愛（アガペー）にも導いてくれた。つまり、最も根本的な教えは、神への愛と自分を愛するように隣人を愛するという三位一体であることを、身をもって示してくれたのだ。その後、私たちはまさにこの信念を掲げ、あらゆる人を受け入れる教会をみつけた。現在私は、ありがたいことにこの教会で長老という立場で奉仕している。

初めてのキスをした二年後、ジェスと私は誰もいないロードアイランドのビーチにやってきた。ほんの数個の星と雲に遮られた弱い月の光だけが、羞恥心を捨てて自由に身を任せ、走り、飛び回る私たちを照らしていた。暗がりに目が慣れてくると監視塔が見えたので、ふたりでよじ登った。足元には海、目の高さに水平線。夜気のなか、私たちはふたり並んで座っていた。

「なにか書こうよ」ジェスがいって、ふたりでシェアしている日記を取り出した。

「だめよ。今はただここにいることを楽しまなきゃ」私には、そのひとときがあまりにも完璧に思えたのだ。

「じゃあ、私が書くから、あとで一緒に読もうね」

ジェスはささっとなにかを書いてから、ノートを開いたまま私に渡し、携帯電話のライトで照らした。ふたりきりで過ごす暗闇を照らした光がまぶしすぎてその場にそぐわないと思った私は、消してと頼んだ。

ところが彼女はどうしてもというように私の手に日記を押し付ける。見下ろすと、ノートの中央部分が丸く切り取られて穴になっているのがわかった。なかには指輪が入っていた。

頭がくらくらした。あの言葉を待ったが、ジェスは黙ったままだった。その瞬間に言葉は必要なかったのだ。

私はペンをとり、そのページに「イエス」と書いた。

ジェスは私の指に銀色の指輪をはめ、揃いの指輪を私に渡して、自分の指にはめさせた。

それからあのブランチのあとで会ったホームレスの男性のことを憶えているかと聞いた。

私は笑った。「もちろんよ！　どうして？」

「あのクオーター硬貨の使い道がわかったのよ。溶かしてこの指輪を作るのに使ったの。それぞれ五十セントずつ」

クリスティン・シャーロードはブルックリン在住の作家。このエッセイは二〇一六年十一月に掲載された。

あなたはきっと、私の夫と結婚したくなる

エイミー・クラウス・ローゼンタール

ずっと書こうとしていたのだけれど、モルヒネの作用と、ジューシーなチーズバーガーが食べられない（どのくらい食べてないんだろう、最後にまともな食事をとったのは、五週間前？）せいでエネルギーもすっかり尽きてしまったし、わずかに残っていた文章力さえ鈍ってしまう。それに加えて書いている途中にうつらうつらしてしまうものだから、望むようなスピードで書けるはずもない。トリップしているみたいでちょっと楽しいと思っている自分もいるけれど。

それでもなんとしても書かなくてはいけない。締め切り日、しかも今回の場合、先延ばしにできないデッドラインが迫っているからだ。どうしても伝えておかなくてはいけない（しかも正確に）。（a）あなたが読む気でいてくれて、（b）私の脈があるうちに。

私はこれ以上ないほど素晴らしい男性と結婚して二十六年になる。これからも二十六年は一緒にいるつもりでいた。

ブラックジョークをひとつ。二〇一五年九月五日の夜、ある夫婦が緊急治療室に入っていった。数時間後、いくつか検査をさせた医師は明言した。妻が右腹部に感じている異常な痛みは、当初夫婦が考えていたような、盲腸のせいではなく、卵巣癌によるものだ、と。

九月六日の早朝、霧がかかったようにわけのわからぬショック状態のままどうにか帰宅した夫婦は、妻の痛みの原因を知ったその日が、子どもが巣立って夫婦だけの生活が再始動する日だったことに気がついた。三人の子どものうちの末っ子が、大学進学のために家を出たのだ。

たくさんの計画が一瞬にして白紙になった。

夫と両親と計画していた南アフリカへの旅もなし。ハーバードのローブ・フェロー〔特別奨学研究員〕の口に応募するのも無理。母と巡る夢のアジア旅行も泡と消えた。インドやバンクーバーやジャカルタにある素晴らしい学校での作家向けの滞在型研修ももちろんなし。

だから「癌《キャンサー》」って言葉は「キャンセル」と似てるのか。

このときから、その後「プラン『Be』」と名づけることになる方針に従うようになった。つまり、今この瞬間だけを生きるという生き方だ。一方未来はといえば、その話をするにはこのコラムの主役となる紳士、ジェイソン・ブライアン・ローゼンタールを紹介しなくてはならない。

彼に恋してしまうのは、いとも簡単なことだ。私は一日にして恋に落ちた。

そのときのことを話させてほしい。父の少年時代のサマーキャンプ以来の親友である「ジョンおじさん」は、ジェイソンと私の両方を、それぞれ赤ちゃんのころからずっと知っていたが、ジェイソンと私は会ったことはなかった。私は東海岸の大学に進学し、カリフォルニアで最初に就職した。シカゴの家にもどったとき、ジョンおじさんはジェイソンと私が似合いだと思い、お見合いをさせたのだ。

一九八九年のことだった。私たちはまだ二十四歳。私は、この話がどうにかなるなど、ちらりとも思っていなかった。ところが、小さな木造建築の我が家のドアを彼がノックした直後、私は思ってしまったのだ。おっと、この人、なんだかすごくいい感じじゃない。

ディナーが終わるころには、自分がこの男性と結婚したいと思っていることを確信した。ジェイソンのほうはどうだったかって？　同じことを思ったのは一年後だったらしい。ティンダーやバンブル、イーハーモニーみたいなマッチングサイトに登録したことはないけれど、今ここで、ジェイソンのプロフィールをざっくり作っておこうと思う。彼との共同生活歴（なんと！）九千四百九十日の経験を活かして。

まず基本的なことから。百七十八センチ、七十二キロ。ごま塩頭にハシバミ色の瞳。

これから彼の特性を書いていくけれど、順番に意味はない。どんなことでも、私にはなにかしら重要な特質に思えるから。

服のセンスがいい。十代の息子、ジャスティンとマイルズが、時々ジェイソンの服を借りるくらいだ。彼を知る人なら、そしてたまたま彼のスラックスと革靴の隙間を見てしまった人ならわかることだけれど、彼はオシャレ靴下が大好きだ。スリムで、体型維持のための努力も楽しんでやっている。

家庭生活の面でも、ジェイソンは不思議なほど役に立つ。たとえば炊事。なんとなんと、料理ができる。なによりキュンとさせられるのは、長い一日の終わるころ、帰宅した彼がカウンターにスーパーの買い物袋をどさっと置いて夕飯の支度にとりかかる前、買ってきたオリーブや美味しいチーズで私をとろけさせてくれるときだ。

ライブ好き。よく一緒に行った。ひとつ付け加えておくならば、十九歳の娘のパリスは、ほかの誰よりも父親とライブに行きたがる。

私が初めて回想録を書いていたとき、いくつかの箇所を編集者に深く掘り下げてほしいといわれて何度も書き直した。編集者は「この人物のことをもっと読みたいです」というのだ。確かに。私は彼女の意見をもっともだと思った。なにしろとても魅力的なキャラクターだったから。でも結局、彼女のいいたかったのは、「ジェイソンのことをもっと書きましょう」ということだったから、おかしくてしかたない。

ジェイソンは父親としても申し分ない。誰でもいいから聞いてみて。ほら、あそこにいる男の人。あの人に聞いてみて。きっと教えてくれるから。ジェイソンは思いやりがあって――パンケーキをひっくり返すことだってできる。

ジェイソンは絵も描ける。私は彼の作品が大好きだ。アーティストだといいたいところだけれど、法律の学位を持っているせいで、ほとんど毎日九時から五時までダウンタウンの事務所にしばりつけられている。私が病気になるまでの彼は少なくともそんなふうに働いていた。

夢見がちでチャレンジ精神のある旅の相棒が欲しいなら、ジェイソンはうってつけだ。それから、小さいものがとにかく好き。試食用スプーン、小瓶、それからベンチに座るカップルのミニ彫刻。その彫刻は、私たち家族がどう始まったのかを忘れないための、彼から私へのプレゼントだ。

ジェイソンは、私が妊娠して初めての超音波検査のときに、花束を持って現れる男だ。いつも早起きで、毎週日曜の朝には、コーヒーポットの近くにあるスプーン、マグカップ、バナナなんかを使って、ヘンなニコニコ顔を作っては私を驚かせる男だ。

コンビニやガソリンスタンドから出てくると「手を出して」という。するとどうでしょう！　私のてのひらには色とりどりのガムボールが（もちろん彼は私が白以外どのフレーバーも好きなことを知っている）。

そろそろ彼のことをよくわかってもらえたんじゃないかと思う。だから右スワイプで「いいね」してね。

待って。彼がすばらしくハンサムだってことはもう書いたっけ？　あの顔を見られなくなるかと思うと寂しい。

ここまで読んできて、ジェイソンは王子様みたいで、私たちの関係はまるでおとぎ話のようだと感じたとしたら、それは当たらずといえども遠からず。もちろん、四半世紀の間、共に家庭を守ってきたのだから、ふつうにいろんなことはあった。私が癌になるなんてこともね。ウヘッ。

いちばん最近（私が癌だと告知を受けるずっと前）執筆した回想録のなかで、ペアタトゥーの案を募集した。作家と読者がインクで繋がれたらいいなと思ったのだ。

この募集に関して私は大真面目だったし、真面目に応募してほしいと書いた。何百という案がどっと送られてきた。八月の出版から何週間か経ったころ、ミルウォーキー在住で六十二歳のポーレットという図書館司書から手紙をもらった。

彼女の案は「more（もっと）」という単語だった。その本のなかで、私が最初にしゃべった言葉が「もっと」だったというエピソード（それは事実）を書いたからだ。そして今、同じ言葉が私の最後の言葉になるかもしれないと思う（これはいずれわかる）。

九月、ポーレットは待ち合わせ場所のシカゴのタトゥーショップまで車でやってきた。彼女は左手首に彼女の（生まれて初めての）タトゥーを入れた。私は左前腕の内側に、娘の筆跡で入れた。私がタトゥーを入れるのは二度目だ。最初のタトゥーは小さな小文字のjで、二十五年前から私の足首に入っている。どんな意味か、説明しなくてもわかっていただけると思う。ジェイソンも入れている。ただし、字数が多い。ＡＫＲだ。

私はジェイソンともっと一緒にいたい。子どもたちともっと一緒にいたい。グリーン・ミル・ジャズクラブでマティーニをすする木曜の夜がもっと欲しい。でも、それは無理。この惑星の人間でいられるのもあとほんの数日だろうと思う。なのに、どうして私はこんなものを書いているのか？

このエッセイをバレンタインデーのプレゼントにするつもりなのだ。私が心の底から欲しいプレゼントは花束なんかじゃなくて、ジェイソンにぴったりな人がこれを読み、ジェイソンを見つけ、新たなラブストーリーが始まることだ。

横に余白を残しておく。あなたたちふたりが、あなたたちにふさわしい、まったく新しいスタートを切れることを願って。

愛をこめて、エイミー

エイミー・クラウス・ローゼンタールは児童向け、大人向けのベストセラー図書の作者である（『おかあさんはね』『ディアガール　おんなのこたちへ』『スプーンくん』などが日本で翻訳出版されている）。そのほかにも短編映画やサラダなど、たくさんのものづくりの名手だった。二〇一七年三月十三日、卵巣癌で死去。十日後、このエッセイが掲載された。

かつての夫が、今は妻

ダイアン・ダニエル

昨年十一月のある火曜日、午前四時に目覚ましのアラームが鳴った。夫と私は二時間前に到着するようにいわれていた。まるで飛行機の搭乗手続きだ。私のまぶたは腫れていた。前の晩、夫は泣いている私を抱きしめて、ごめんね、本当にごめんねといった。

夕食のあと、翌日にはもう夫のこの顔を見ることができないのかと思ったとたん、私はいきなり泣き出してしまったのだ。鼻が大きく、顎は小さい、まったく標準的な完璧な顔をもう見られない。八年間というもの、この顔を抱きしめ、キスをし、この顔に向かって挨拶をして幸せに暮らしてきたのに。

「まだ結婚指輪をつけてるの？」私が聞く。「外せっていわれたじゃない」

私たちは四十代で結婚した。お互い初婚だった。それぞれ自立して生きてきたふたりの人生は、完璧なまでに溶け合った。

「危ない、忘れるところだった」夫はすらりとした指から指輪をねじって外し、私のドレッサーの上にあるビーズの飾りがついた箱にしまった。その箱を買ったのは、ふたりでしたたくさんの冒険のひとつ、バリ旅行でのことだった。その旅行中、私たちは嘘みたいに辛い料理を食べ、火山に登り、みすぼらしい部屋に泊まった。部屋には大きなトカゲがいたが、思慮深い夫が黙っていてくれたので、私がその事実を知ったのはチェックアウトのあとだった。夫は私の庇護者で、相棒で、王子様だ。

そして今、またもや私たちは新しい領域の探検に繰り出そうとしている。その場所については、習慣もほんの少ししか知らないし、言葉も流暢《りゅうちょう》に話せない。

車をバックさせて私道を出るとき、私はチェックリストを思い出した。「ねえ、水を飲んでないわよね？」

「どういうこと？」

「手術前の説明を読まなかったの？　どのくらい飲んだのよ」

「コップに半分くらい」彼は白状した。

「信じられない」私は思わず声を荒らげた。

車中、私たちは無言だった。腹が立ったせいで、恐怖も薄らいだ。私は自分の呼吸に意識を集中させ、波が岸に寄せるように優しい気持ちがもどってくることを念じた。

「今、どんな気持ち？」彼といるときのいつもの私にもどり、夫の膝に手を置いて聞く。

「説明を読まないなんてばかだった、って」

「怖がるよりいいわ」

手術は七時間かかる可能性があり、術後の回復にはさらにもう数時間必要だと説明されていた。だから私は旅行並みの準備をしてきていた。パソコン、携帯、雑誌、ブランケットに枕。

彼が手続きをしたあと、私たちは看護師に案内された部屋に入り、そこで彼はバイタルチェックを受けた。すべての数値に問題なし。水分摂取という彼の違反は容認された。

「彼」が手続き。「彼」の違反。

まだだ。夫が女性への最初の外科的なステップを進むこの日になってもまだ、私は「彼」と呼び続けていた。セラピストには何カ月も前から、家では女性を表す代名詞を使うべきだといわれていた。

「どうしても必要なときがきたら、そう呼びます」私はセラピストとの手術前の最後のセッションでそういった。「でも今はまだ、彼は私にとって男なんです」私は夫のほうに向き直る。夫はジーンズに黒のボタンダウンのシャツという姿だ。「私には、あなたが男に見えるの」

「ですが、彼女は女性ですよ」セラピストの反論が、私の拒絶を切り裂く。

「私にとっては違います」そういう私の目には涙があふれていた。私は強情な子どものように腕を組む。「彼がこれから女性になることは受け入れます。でも、今はまだ男なんです。

ねえあなた、どう感じてる？　今、本当に自分が女性だって思うの？」

「うん。前にもいったけど、自分が女性だと感じるんだ」彼はすまなさそうな顔をしていった。

そしてその「必要なとき」がやってきた。私たちが病院に来たのは、顔を女性的にする手術のためだ。男性から女性への性転換では珍しい手順ではない。男性の顔から女性的な要素を引き出すための手術。夫の場合、眉の位置を高くし、鼻を小さくし、顎をくっきりさせる。数カ月後には、喉ぼとけを削り、人工乳房を挿入することになっている。その後に性器の形成術が施行される。

すでにエストロゲンの効果で、夫の顔は細くなり、表情が柔らかくなっている。手術後の変化はそれほど大きくはないですよと医者はいう。大きな青い目は変わらないし、高めの頬骨も、柔らかな唇もそのまま。

なにもかもオープンに話し、深い愛情を持ち、強く信頼し合ってきたというこれまでのふたりの歴史があるおかげで、私たちの関係は大丈夫、いや、さらに強いものになっていくはずだと私はずっと信じてきた。裏切られたとは思わないのかと友達に聞かれたが、そう感じたことはなかった。自分が男性であることに複雑な思いがあるが、その気持ちと折り合いをつけてきたということを、ずいぶん前に彼から聞かされていた。私もいわゆるマッチョな男性に対しては微妙な感情があったけれど、彼の抱えている混乱の深さには気づけなかった。

結婚して、自分が愛されている実感を得たとき、ようやく夫は自覚できたのだ。自分がトランスジェンダーであること、つまり中身が女性であることを。私の結婚相手の「男」ではいたくないということを。

驚き、傷ついた私は、セラピストを探し出し、トランスジェンダーの本を何冊も読み、オンラインの相談窓口を見つけ、これまでなんでも打ち明けてきた唯一の友人に話をした。夫と私は話し合い、愛し合うことをやめなかった。

そのうち私は、夫は、妻となっても、ほとんどの点で同じ人間なのだと思うようになった。知性的で、思いやりがあり、成熟した心を持ち、体型はどちらの性でも変わらずスリム。私は二十代前半に、女性と関係を持ったことがあった。だからレズビアンとして生きていくのも悪くないのかもしれない。とはいえ、社会的には面倒なことが増えるだろうと思うと気が重かった。

手術室前室で、私は夫のストレッチャーの横に自分の椅子を引き寄せた。彼は足を垂らしてストレッチャーに腰かけ、背中を丸めていた。私は彼の胸に頭を埋めた。

カーテンが揺れて、女性の医師が現れた。「おはようございます」彼女は陽気に挨拶をする。診察室以外でその医師の姿を見るのはショックだった。手術がもはや計画ではなく事実だということだからだ。私は泣き出した。静かに、遠慮しながら泣いていたが、本当は声を上げて泣きじゃくりたかった。目の前にいるこの人を、本当はすでに失ってしまっていることを嘆くにはどうすればいいのだろう？

医師はポケットから手術用マーカーを取り出すと、夫の前に座り、夫の顎、鼻、額に黒い点をつけていった。終わると夫は戦士のように見えた。

医師が出ていってふたりだけになると、私は夫の手を取った。私は泣き止んでいたが、今度は夫の目に涙が浮かんできた。

「どうしたの？」私が聞く。

「苦しい思いばかりさせて、ごめんね」

涙が鼻の下の点々をにじませながら流れ落ちる。

「自分がなんでこんなことをしてるのかはわかっているつもりだけど、とにかくめちゃくちゃな話だよね。それに、何年も孤独を味わってきたことが悔しいよ。もっと楽しく生きられたはずなのに」

「そんなこと考えないで。ちゃんとやり遂げて、あなたの勇気を見せるってことに気持ちを集中させてよ」

「お時間です」看護師がもどってきて声をかけた。「ご主人は大丈夫ですからね」最後に微笑みながらそう付け足す。

外来の待合室は混んでいて、家族や友人や恋人の病状を説明してもらうために、たくさんの人が待っていた。私は飛行機に乗るときと同じように窓際の席に座った。外は雨が降っていて、夜が明けたあとでも世界は灰色で、風が強かった。

人々の会話から漏れ聞こえてくるのは、心臓発作、癌、人工股関節といった単語。だが性転換の話はまるでない。今日から私はマイノリティに、変わり者になる。トランスジェンダー女性の妻となるのだ。考えただけでぐったり疲れた。

読書をしたり、手術のことを知っているごく限られた家族や友人たちにメールを送ったりして時間をつぶした。私たちの公式の「カミングアウト」メールは、翌週送ることになっている。

担当の医師が通りがかりに、なにもかもうまくいきましたよと満面の笑みを浮かべて教えてくれた。数時間後、看護師に案内されて、私は妻の元へ、彼女の元へ行った。そう、もうこの言葉を使うようにしなくてはいけないのだ。青あざのできた彼女の顔は包帯で締めつけられていて、さらに鼻の下にはガーゼがテープで留めてあった。朦朧としているらしいし、いかにも悲惨な姿だ。

「彼がなにか少し食べたら、そのあとに痛み止めを出しますね」看護師がいう。

「『彼女』といっていただけませんか?」私は静かにいった。

二時間後、太陽が沈むころ、私たちは帰路に就いた。彼女のシートを倒し、私の枕を彼女の頭の下に入れてから、私のブランケットをかけてやった。私は慎重に運転しながらも、可能なときは必ず彼女の膝に自分の手を置いた。

家に着くと、ペットの世話をする間、車で待っていられるかしら、と彼女に聞いた。玄関がめちゃくちゃになっているだろうと予想がついたから。彼女はうなずいた。

家は暖かかったが、暖房をつけてさらに温度を上げた。私は車で待っているあの人がいない人生を想像した。生きやすくはなるだろうが、空っぽな人生だ。

私は車にもどり、うとうとしている彼女を起こした。私のパートナー、配偶者、妻である彼女。彼女を支えながらのろのろと家に入り、寝室に向かう。寝室には彼女の薬、氷嚢《ひょうのう》、ガーゼが置いてある。なんとか彼女を寝かせ、布団をかけてから、枕を軽くたたいて膨らませた。ビーズの飾りのついた箱から結婚指輪を取り出し、彼女の指にするりとはめる。午後七時、外は暗い。

術後の指示書では、患者はひとりで寝ることが推奨されていた。ほかの人の腕が鼻に当たったりしてはいけないから。けれどその晩は、私たちには別々に過ごすなど考えられなかった。私は、ベッドのいつも自分が寝ている側に寝袋を置いてなかに納まり、ファスナーを締めた。二、三時間ごとに起きて、浅い眠りから何度も目覚める配偶者に氷や薬や水を渡した。ベッドに入ってから十二時間近く経つころ、灰色の光が部屋を満たし始めた。まだ寝床のなかにいる私たちは、暖かくて安全だった。もうすぐ外の世界と向き合わなくてはならない。私は寝袋から右腕を出してパートナーの手を取った。そしてそのまま並んでもうしばらく横になっていた。太陽が昇り、この見知らぬ世界での私たちの最初の一日が始まるまで。

ダイアン・ダニエルは妻と一緒にオランダのアイントホーフェンに住んでいる。ホームページのアドレスはhttp://shewasthemanofmydreams.com。このエッセイは二〇一一年八月に掲載された。

謝辞

コラム「モダンラブ」を世に送り出すことに尽力してくれた方々に感謝の意を表します。

アマンダ・アーバン、アーニャ・ストレゼミーン、ボニー・ウェルスハイム、ブライアン・リーア、キャシー・ハナワ、コーリー・シカ、イーサン・ハウザー、グレゴリー・ミラー、ジェフ・シムス、ローラ・マーモア、ミヤ・リー、リチャード・サムソン、サマンサ・ハニグ、ステファニー・セリノ、スチュアート・エメリッヒ、トリップ・ゲイブリエル。

編者略歴

ダニエル・ジョーンズ　Daniel Jones

2004年に「ニューヨーク・タイムズ」で始まったコラム「モダンラブ」の創設時からの編集者である。著書としては『Love Illuminated : Exploring Life's Most Mystifying Subject (with the Help of 50,000 Strangers)』『The Bastard on the Couch』そして小説『After Lucy』などがある。ジョーンズは毎週配信される「モダンラブ」のポッドキャストにも登場し、アマゾン・スタジオ制作のドラマ「モダン・ラブ〜今日もNYの街角で〜」では顧問プロデューサーを務める。マサチューセッツ州ノーサンプトンとニューヨークシティで暮らしている。

訳者略歴

桑原洋子（くわはら・ようこ）

翻訳家。慶應義塾大学大学院文学研究科英米文学専攻修士課程修了。訳書に『ティアリングの女王』『煙と骨の魔法少女』（以上早川書房）、『空の上には、何があるの？』『科学ってなあに？』『くさい！』（以上河出書房新社）『人生なんて、そんなものさ〜カート・ヴォネガットの生涯』（柏書房・共訳）、『わたしの美しい娘』（ポプラ社・共訳）などがある。

過去に出版された作品の転載の許可をいただきました。ここに深く御礼申し上げます。

MODERN LOVE : True Stories of Love, Loss, and Redemption, Revised and Updated
Edited by Daniel Jones

This translation published by arrangement with Broadway Books, an imprint of Random House, a division of Penguin Random House LLC through Japan UNI Agency, Inc., Tokyo
The essays in this work were originally published in the "Modern Love" column of *The New York Times.*

モダンラブ　いくつもの出会い、とっておきの恋
ニューヨーク・タイムズ掲載の本当にあった21の物語

2020年10月20日　初版印刷
2020年10月30日　初版発行

編者　ダニエル・ジョーンズ
訳者　桑原洋子
装画　まるやまゆうじ
装幀　名久井直子
発行者　小野寺優
発行所　株式会社河出書房新社
〒151-0051　東京都渋谷区千駄ヶ谷2-32-2
電話　03-3404-1201（営業）　03-3404-8611（編集）
http://www.kawade.co.jp/
組版　KAWADE DTP WORKS
印刷　株式会社亨有堂印刷所
製本　加藤製本株式会社

Printed in Japan　ISBN978-4-309-20806-0